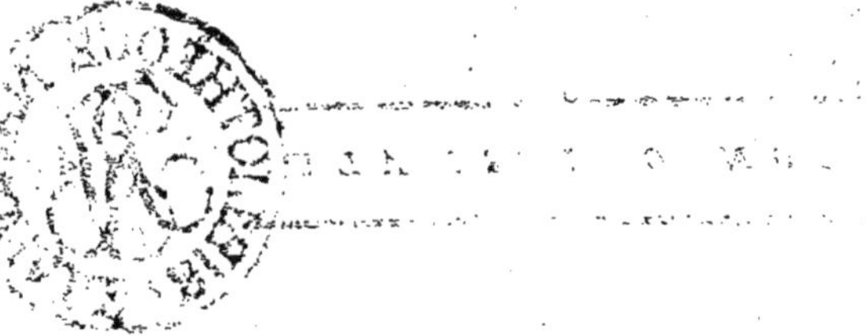

INSTRUCTION ABRÉGÉE SUR LES MESURES

Déduites de la grandeur de la Terre, uniformes pour toute la République,

Et sur les Calculs relatifs à leur division décimale;

Par la Commission temporaire des Poids & Mesures républicaines,

En exécution des Décrets de la Convention Nationale.

ÉDITION ORIGINALE

À PARIS,

DE L'IMPRIMERIE NATIONALE EXÉCUTIVE DU LOUVRE.

An II.e de la République une & indivisible.

TABLE

Des articles contenus dans cette Instruction.

SECONDE PARTIE.

AVANT-PROPOS.

Nous approchons de l'époque fixée par la Convention nationale pour l'établiſſement d'un poids & d'une meſure uniformes dans toute l'étendue de la république. Cette uniformité eſt un nouveau gage de la proſpérité des Français ; elle va bannir du commerce les fraudes qui s'y gliſſoient à la faveur d'une diverſité inſidieuſe ; elle facilitera les échanges & les acquiſitions ; elle affermira les fondemens de l'égalité ; elle préſentera tous les Français ſous l'image d'une immenſe famille où tout eſt commun, tout ſe reſſemble, & annonce une parfaite union.

Le plan qu'ont adopté les légiſlateurs, ajoute par lui-même un nouveau prix à celui qui résulte de l'uniformité des mesures républicaines, en déduisant ces mesures de la grandeur de la terre, & en prenant leur base dans la nature. Elles en sont mieux assorties à la dignité du peuple Français & de ses représentans; elles renferment l'espérance d'une adoption générale de la part des autres nations, auxquelles la nature, qui est de tous les temps & de tous les lieux, les offre ainsi qu'à nous, qui aurons seulement la gloire particulière d'avoir été les premiers à les recevoir de sa main.

Enfin, la manière dont les mesures républicaines ont été divisées & sousdivisées en parties toujours dix fois plus petites, ramènera tous les calculs à une méthode extrêmement simple, qui épargnera beaucoup de temps, de peine & d'occasions de méprise, & répandra tant de facilité dans l'étude d'une ſcience juſqu'alors ſi compliquée, qu'à l'avenir les enfans de tous les citoyens, ſans aucune diſtinction, ſauront l'arithmétique toute entière. Tels ſont les avantages que le nouveau ſyſtème promet à la nation : c'eſt un aſſemblage de pluſieurs bienfaits réunis dans un ſeul bienfait.

La Commiſſion temporaire des poids & meſures républicaines a été chargée par un décret de la Convention nationale, « de la compoſition d'un livre à l'uſage » de tous les citoyens, contenant des » inſtructions ſimples ſur la manière de ſe » ſervir des nouveaux poids & meſures, » & ſur la pratique des opérations relatives » à leur diviſion décimale ». Pour remplir plus complettement cette intention des légiſlateurs, elle a cru devoir diviſer ſon travail, & publier à la fois trois Inſtructions diverſes, ſur l'objet confié à ſes ſoins. Dans la première, elle a donné un certain développement à l'expoſition des moyens qui ont été employés pour la détermination des meſures républicaines; elle s'eſt étendue auſſi davantage ſur la méthode de calcul qui ſe rapporte à la diviſion des mêmes meſures.

La ſeconde Inſtruction qui eſt celle dont il s'agit ici, eſt plus courte & plus élémentaire. On l'a preſque bornée à ce que le ſyſtème renferme d'eſſentiel pour les beſoins de la vie & les uſages de la ſociété. Elle n'eſt point d'ailleurs proprement un abrégé de la première. A l'exception de quelques détails qui ſont communs à l'une & à l'autre, tout le reſte eſt traité d'une manière différente, & plus aſſortie au but que l'on s'y eſt propoſé. Il en réſultera cet avantage, que ceux qui voudront lire ſucceſſivement les deux ouvrages, en commençant par celui-ci, y trouveront un progrès d'idées qui les conduira comme par degrés d'un enſeignement plus ſimple & plus familier, à des connoiſſances plus relevées; & c'eſt dans la vue de rendre cette double lecture plus profitable, qu'en rédigeant le ſecond ouvrage, on a changé tous les exemples relatifs à l'arithmétique propoſés dans le premier, ce qui offrira aux citoyens qui feront ſuccéder une lecture à l'autre, une nouvelle matière d'exercice, & une facilité de plus pour perfectionner leurs connoiſſances, en employant deux moyens d'étude qui ſe prêteront un mutuel ſecours.

Le troiſième ouvrage ſe réduira à un ſimple précis du ſyſtème, que l'on imprimera partie en format in-8.°, pour être diſtribué, & partie en forme d'affiche, pour demeurer exposé à la vue des citoyens, dans tous les lieux publics. Ils trouveront ainsi des occasions continuelles d'acquérir des connoissances sur les nouvelles mesures; ils se familiariseront d'avance avec les noms de ces mesures, leurs divisions & leurs usages. Tout les invite à profiter, dans cette vue, des momens qui leur restent, tandis que les artistes leurs frères, inspirés par le génie fécond de la république, & sortant de ces pratiques timides & tardives fondées sur une servile imitation de ce qui avoit été fait jusqu'alors, s'empressent de créer d'ingénieuses machines, qui économisant le temps & la main-d'œuvre, garantissent la modicité du prix, & auront ainsi le double mérite de hâter le moment de la jouissance, & d'appeler indistinctement tous les citoyens à la partager.

INSTRUCTION

INSTRUCTION ABRÉGÉE SUR LES MESURES DÉDUITES DE LA GRANDEUR DE LA TERRE.

PREMIÈRE PARTIE.

SYSTÈME des Mesures déduites de la grandeur de la Terre.

NOTIONS PRÉLIMINAIRES SUR LES MESURES.

1. LA plus ſimple de toutes les manières de meſurer, eſt celle qui ſe pratique dans les opérations ſemblables à la ſuivante. Un ouvrier veut connoître la hauteur d'un mur : pour cela, il prend un pied, & l'applique à

plusieurs reprises sur ce mur, en suivant une même ligne de bas en haut, & en recommençant chaque fois à l'endroit où il vient de finir. Il trouve qu'à la douzième fois l'extrémité du pied tombe juste sur celle du mur, & il en conclud que le mur a douze pieds de hauteur. Il s'y prendroit de même pour mesurer soit la largeur soit l'épaisseur d'un corps. D'après cela, qu'est-ce que mesurer une étendue en longueur, ou en largeur, ou en épaisseur ? C'est chercher combien de fois cette étendue contient une certaine longueur que l'on prend pour mesure, & qui est ici la longueur du pied. Les mesures qne l'on emploie, dans ces sortes de cas, s'appellent *mesures linéaires*, parce que l'étendue qu'elles servent à mesurer est une simple ligne.

2. Dans d'autres cas, on fait attention en même temps à la longueur & à la largeur de l'étendue que l'on considère, comme lorsqu'on veut connoître la grandeur d'une cour. Pour y parvenir, on cherche combien cette grandeur renferme de toises carrées ou de pieds

carrés (*a*), & la mesure alors est elle-même la toise carrée ou le pied carré. Ces sortes de mesures s'appellent en général *mesures de superficie* ou *mesures de surface;* & quand l'étendue qu'elles servent à mesurer est celle d'un champ, d'un bois ou de toute autre portion de terrain, elles prennent le nom de *mesures agraires* (*b*). Ainsi l'arpent est une mesure agraire, parce que souvent on mesure un champ ou un bois, en cherchant combien son étendue renferme d'arpens.

3. On peut aussi considérer à la fois la longueur, la largeur & la profondeur ou l'épaisseur d'un corps que l'on se propose de mesurer, comme lorsque l'on cherche combien un mur contient de pieds cubes ou de toises cubes de maçonnerie (*c*). La mesure dans

---

(*a*) On appelle toise carrée, un carré dont chaque côté est égal à une toise, pied carré celui dont le côté est égal à un pied, &c.

(*b*) Ce mot est tiré du mot latin *ager*, qui signifie un champ. De-là vient qu'on dit *agriculture* pour exprimer l'art de cultiver les champs.

(*c*) Un cube est un corps à six faces carrées, semblable à un dé. Ce corps se nomme *toise-cube*, *pied-cube*,

ce cas eſt elle-même le pied cube ou la toiſe cube. Les meſures deſtinées à cet uſage ſe nomment en général *meſures de ſolidité*, & l'on appelle en particulier *meſures de capacité*, celles qui ſervent à connoître la quantité de liquide ou de grains que contient un vaſe. Ainſi la pinte & le boiſſeau ſont des meſures de capacité.

4. Les poids, tels que la livre, la demi-livre, l'once, &c. peuvent être regardés auſſi comme des eſpèces de meſures. Lorſqu'on dit, par exemple, d'un corps, qu'il pèſe huit livres, on conſidère combien de fois le poids de la livre eſt contenu dans celui de ce corps, ce qui eſt une manière de meſurer le poids dont il s'agit.

5. Enfin l'uſage des monnoies a auſſi beaucoup de rapport avec celui des meſures dont nous venons de parler. Ainſi lorſqu'en calculant le prix d'une certaine quantité de

---

pouce-cube, &c., ſuivant que les côtés des carrés qui le terminent ſont égaux à une toiſe, à un pied, à un pouce, &c.

marchandiſe, on trouve qu'elle vaut vingt-quatre livres tournois, c'eſt une manière de meſurer ce prix, en conſidérant combien de fois il contient la livre tournois.

6. On voit par ce qui précède, que quand on a meſuré quelque choſe, on rapporte toujours le réſultat de l'opération à une certaine meſure déterminée, qui eſt contenue plus ou moins de fois dans la choſe à meſurer. Cette meſure s'appelle plus particulièrement *unité de meſure*. Lorſque cette unité n'eſt pas contenue exactement & ſans reſte dans la choſe à meſurer, on exprime ce reſte par des ſous-diviſions de l'unité, comme lorſqu'ayant meſuré la hauteur d'un mur à l'aide du pied conſidéré comme unité, on trouve que cette hauteur eſt de dix pieds ſix pouces.

7. Nous allons maintenant faire connoître les diverſes meſures qui, dans le nouveau ſyſtème, remplacent celles dont on faiſoit uſage juſqu'à préſent. Ces meſures ſont de cinq eſpèces différentes; ſavoir, 1.° les meſures linéaires qui ſervent à meſurer un corps

dans un ſeul ſens ; 2.° les meſures agraires employées pour connoître l'étendue d'un terrain ; 3.° les meſures de capacité, à l'aide deſquelles on juge de la contenance d'un vaſe ; 4.° les poids ; 5.° les monnoies.

I. DES MESURES LINÉAIRES.

8. L'UNITÉ de meſure linéaire la plus uſitée dans l'ancienne manière de meſurer, étoit la longueur du pied. On avoit diviſé cette longueur en douze pouces, & chaque pouce en douze lignes. Pour meſurer les étoffes on ſe ſervoit de l'aune, que l'on diviſoit en demies, en tiers, en quarts, &c. On ſait combien la longueur de cette dernière meſure varioit dans les divers pays ; & en général les anciennes meſures n'avoient rien de fixe, ce qui étoit un grand inconvénient pour le commerce, & occaſionnoit de fréquentes mépriſes, lorſqu'on paſſoit d'un pays dans un autre où les meſures étoient différentes.

9. Si l'on ne s'étoit propoſé que de rendre les meſures uniformes dans toute l'étendue

de la République, on auroit pu ſe contenter d'en choiſir une de chaque eſpèce, par exemple, pour l'aune, celle de Paris, en convenant que cette aune à l'avenir ſeroit la ſeule employée dans les différentes parties de la France; mais il étoit fort à déſirer, pour l'intérêt général du commerce, que tous les peuples civiliſés euſſent les mêmes meſures; or celles qui auroient été choiſies arbitrairement dans un pays, n'étoient pas propres à être également adoptées dans les autres pays. Pour qu'on pût eſpérer que cette adoption auroit lieu dans la ſuite, il falloit des meſures qui ne tinſſent à aucun lieu, à aucune nation, & qu'on pût regarder comme univerſelles.

10. Tel a été l'objet qu'on s'eſt propoſé dans le plan dont la Convention nationale a décrété l'exécution. En conſéquence, on a pris les nouvelles meſures dans la nature, en les faiſant dériver de la grandeur de la terre, & pour les déterminer, on s'eſt ſervi de la longueur du quart du méridien, qui eſt la ligne que l'on ſuivroit en allant,

par le plus court chemin, de l'équateur au pôle (*a*).

On a donc mesuré cette longueur à l'aide de la géométrie & de la physique, ce qui peut se faire beaucoup plus aisément & plus promptement qu'on ne le croiroit, à en juger d'après les apparences, parce qu'il suffit de mesurer immédiatement une certaine partie du quart du méridien, savoir celle qui en occupe le milieu, pour trouver ensuite tout le reste avec une grande exactitude, au moyen du calcul.

Unité usuelle des Mesures linéaires.

11. La longueur du quart du méridien étant bien connue, on l'a supposée successivement divisée en parties toujours dix fois plus petites, dans la vue de chercher parmi ces parties une longueur qui fût propre à servir d'unité de mesure linéaire, pour remplacer

---

(*a*) L'équateur est un cercle que l'on imagine partager la terre en deux moitiés, en passant par tous les points où la durée du jour est constamment égale à celle de la nuit. Les deux points les plus éloignés de ce cercle s'appellent l'un *Pôle-nord*, & l'autre *Pôle-sud*.

celle dont nous faiſons uſage. En conſéquence, prenant d'abord la dixième partie de la longueur du quart du méridien, on a trouvé que cette partie contenoit deux cent vingt-cinq lieues, ce qui eſt à peu-près la longueur de la France entre Perpignan & Dunkerque. Cette même partie diviſée en dix à ſon tour, à donné une longueur de vingt-deux lieues & demie, un peu moindre que la diſtance de Paris à Amiens. Par une troiſième diviſion, on a eu une longueur d'environ cinq mille cent trente-deux toiſes; par une quatrième, une longueur de cinq cent treize toiſes; par une cinquième, une longueur de cinquante-une toiſes; par une ſixième, une longueur à peu-près de trente pieds; & enfin par une ſeptième, une longueur de trois pieds onze lignes & quelque choſe de l'ancienne meſure. Cette dernière longueur qui ne diffère pas beaucoup de celle de l'aune, a paru commode pour être employée comme unité de meſure. La longueur précédente qui égaloit à peu-près trente pieds, étoit évidemment trop grande; la ſuivante, qui n'avoit pas quatre pouces, auroit été beaucoup trop petite. On ſe trouvoit donc conduit à adopter la longueur intermédiaire par préférence à toutes les autres longueurs.

12. On conçoit aisément qu'à l'aide de la division dont nous venons de parler, le quart du méridien s'est trouvé sousdivisé successivement en dix, en cent, en mille, en dix mille parties, &c.; & c'est au terme où le nombre des parties étoit de dix-millions, que l'on a eu la longueur d'environ trois pieds, qui a fourni l'unité de mesure; en sorte qu'elle est la dix-millionième partie du quart du méridien. On lui a donné le nom de *mètre*, qui signifie *mesure*.

13. Le mètre étant déterminé, on l'a aussi divisé en parties toujours dix fois plus petites, propres à tenir lieu des pouces & des lignes; laquelle division n'est qu'une continuation de la division du quart du méridien. La dixième partie du mètre, dont la longueur approche de quarante-quatre lignes & demie, a été nommée *décimètre;* la dixième partie du décimètre, qui est en même temps la centième partie du mètre, & qui vaut à peu-près quatre lignes & quatre neuvièmes, s'appelle

centimètre ; & enfin la dixième partie du centimètre, qui est en même temps la millième partie du mètre, & qui égale à peu-près quatre neuvièmes de ligne, portera le nom de *millimètre*. On s'est arrêté à ce terme, qui suffit pour les usages ordinaires. Ceux qui voudroient une plus grande précision, pourront continuer la division du mètre jusqu'aux dix-millièmes & au-delà.

14. Ainsi représentez-vous une longueur de trois pieds onze lignes & demie à peu-près de l'ancienne mesure ; vous aurez l'idée du mètre ou de l'unité usuelle des nouvelles mesures de longueur ; & au lieu que le pied étoit divisé par douze, en pouces & en lignes, figurez-vous le mètre divisé par dix, en parties toujours plus petites ; & de même que vous disiez *pied, pouce, ligne*, pour exprimer l'ancienne unité de mesure avec ses divisions, vous direz à l'avenir, *mètre, décimètre, centimètre, millimètre,* ce qui vous donne une division de plus.

15. On a choisi de préférence la division

en dix, que l'on appelle *division décimale*; parce qu'étant conforme à notre échelle arithmétique, elle facilite & simplifie de beaucoup les calculs, ainsi qu'on le verra dans la suite. Cette division a été adoptée par la même raison pour toutes les autres espèces de mesures, au lieu que dans l'ancien système, chaque fois que l'on changeoit de mesure, on avoit presque toujours un nouveau mode de division, & même telle mesure changeoit de mode, en passant d'une sousdivision à l'autre. Ainsi la toise étoit divisée d'abord en six pieds, puis chaque pied en douze pouces, &c., ce qui occasionnoit dans les calculs des longueurs & des difficultés qui n'auront plus lieu, d'après la manière dont les nouvelles mesures ont été divisées.

16. Parmi les divisions du quart du méridien, par lesquelles il a fallu passer pour arriver au mètre, il s'en trouve deux auxquelles on a cru devoir donner des noms particuliers: la première, en remontant au-dessus du mètre, est celle qui donne la dix-millième partie du quart du méridien, & qui est égale à mille

mètres. On lui a donné le nom de *millaire*, & on peut la regarder comme l'unité à laquelle se rapportent les mesures itinéraires qui servent aux voyageurs pour estimer la longueur de la route qu'ils ont à faire. Cette unité qui répond à peu-près à cinq cent treize toises de l'ancienne mesure, excède de treize toises le quart de la très-petite lieue, qui est de deux mille toises.

17. L'autre mesure est celle qui est égale à la centième partie du quart du méridien. Sa longueur est de cent mille mètres, & on l'a nommée *grade* ou *degré décimal du méridien (a)*. On pourra la considérer comme une grande mesure géographique, destinée à déterminer les distances entre des lieux très-éloignés les uns des autres.

18. Nous joignons ici le tableau des divisions & sousdivisions du quart du méridien, & de leurs rapports, soit avec cette grande unité dont elles dérivent toutes, soit

---

(a) On verra dans un instant la raison de cette dénomination.

avec le mètre, qui est l'unité à laquelle on les compare dans l'usage ordinaire.

NOMBRES des divisions du quart du Méridien.	RAPPORTS avec le quart du Méridien.	RAPPORTS avec le Mètre.	NOMS des Mesures.
0....	.... 1	10000000.	QUART DU MÉRIDIEN, ou *unité prise dans la nature.*
1....	.... $\frac{1}{10}$	. 1000000..	
2....	... $\frac{1}{100}$ ...	.. 100000.	GRADE, ou DEGRÉ décimal du Méridien.
3....	... $\frac{1}{1000}$ ...	... 10000.	
4....	.. $\frac{1}{10000}$ ..	.... 1000.	MILLAIRE.
5....	.. $\frac{1}{100000}$ ..	..... 100.	
6....	.. $\frac{1}{1000000}$ ..	...... 10.	MÈTRE, ou *unité des Mesures usuelles.*
7....	.. $\frac{1}{10000000}$ ..	.... 1.	
8....	. $\frac{1}{100000000}$.	.... $\frac{1}{10}$.	DÉCIMÈTRE.
9....	. $\frac{1}{1000000000}$.	.... $\frac{1}{100}$.	CENTIMÈTRE.
10....	. $\frac{1}{10000000000}$.	.... $\frac{1}{1000}$	MILLIMÈTRE.

Nouvelle division de la circonférence du Cercle.

19. Tout le monde connoît les quarts de cercle dont les astronomes, les arpenteurs, &c.

se servent pour leurs opérations. Ces quarts de cercle étoient divisés, jusqu'à présent, en quatre-vingt-dix degrés, ce qui faisoit trois cent soixante degrés pour la division du cercle entier. Chaque degré étoit sousdivisé en soixante minutes, & chaque minute en soixante secondes. Mais il devenoit nécessaire de conformer la division du quart de cercle des astronomes à celle du quart du méridien; & en conséquence, on a d'abord divisé le quart de cercle en parties toujours dix fois plus petites, & ensuite on a pris les divisions de deux en deux, pour en faire les degrés, les minutes & les secondes. De cette manière le quart de cercle renferme cent degrés, le degré renferme cent minutes, & la minute cent secondes. On voit à présent pourquoi l'on a donné à la centième partie du quart du méridien, le nom de *degré décimal du méridien.*

Moyen de vérifier ou de trouver le Mètre.

20. Lorsqu'on voudra dans la suite vérifier l'étalon du mètre, ou même le retrouver, si jamais il venoit à se perdre, on n'aura

plus besoin pour cela de recommencer les opérations relatives à la mesure du quart du méridien ; on y parviendra au moyen d'une expérience simple & facile, faite sur le pendule *(a)*, à peu-près à la moitié de la distance entre l'équateur & le pôle. Il suffira de chercher quelle longueur doit avoir ce pendule, pour faire dans l'espace d'un jour un nombre de balancemens ou d'oscillations qui sera connu d'avance, & cette longueur donnera celle du mètre.

Nouvelle division du jour.

21. On a étendu aussi la division par dix à la durée du jour, & au lieu que cette durée jusqu'à présent avoit été partagée en 24 heures, chaque heure en 60 minutes, & chaque minute en 60 secondes, on l'a divisée, d'un minuit à l'autre, d'abord en dix heures ; & prenant ensuite les autres parties décimales

(a) Les physiciens appellent *pendule* un corps suspendu de manière à pouvoir se balancer, en allant & venant, comme on le voit dans les horloges qui portent elles-mêmes le nom de *pendule*. On sait que le pendule se balance avec plus ou moins de vitesse, suivant que sa verge est plus courte ou plus longue.

de

de deux en deux, on a ſousdiviſé chaque heure en cent minutes, & chaque minute en cent ſecondes, ce qui donne cent mille ſecondes pour la durée du jour, au lieu de quatre-vingt-ſix mille quatre cents ; & telle eſt la diviſion qui a lieu dans le calendrier républicain décrété par la Convention nationale. La nouvelle ſeconde ſera ainſi à peu-près les ſix ſeptièmes de l'ancienne, & le pendule des horloges à ſecondes, qui avoit environ trois pieds huit lignes & demie de longueur, ſe trouvera néceſſairement raccourci, puiſqu'il faudra qu'il batte des ſecondes qui ſeront elles-mêmes plus courtes. Sa longueur ſera de vingt-ſept pouces & près de cinq lignes, ce qui rendra les horloges plus commodes & plus portatives.

Deſcription de l'étalon du Mètre & des principales Meſures uſuelles de longueur.

22. Après avoir fixé la longueur du mètre, à l'aide de la phyſique & de la géométrie, on a conſtruit ſon étalon, qui ſervira à régler l'exécution de tous les mètres dont on fera uſage dans toute l'étendue de la République.

De même que l'on avoit tracé sur le pied des divisions accompagnées de chiffres pour indiquer les parties fractionnaires de cette mesure, on a divisé & chiffré l'étalon du mètre, d'après la combinaison qui a paru la plus avantageuse pour interpréter cette espèce d'écriture. Dans cette vue, on a disposé les lignes de division & les chiffres comme sur la fig. 1, pl. I, qui représente seulement les trois premiers décimètres. Le lecteur suppléera le reste par la pensée. On voit que les lignes qui désignent les décimètres, s'étendent sur toute la largeur du mètre; que celles qui répondent aux centimètres, se terminent à une certaine distance du bord, & que celles qui donnent les millimètres, sont encore plus courtes, ce qui rend les trois ordres de division faciles à distinguer. Les décimètres sont marqués en gros chiffres, depuis 1 jusqu'à 10. Les centimètres, au lieu d'être marqués depuis 1 jusqu'à 100, le sont par dixaines, en chiffres plus petits; en sorte que la suite des dix caractères 0, 1, 2, 3, 4, 5, 6, 7, 8, 9, se répète continûment dans cet ordre de divisions. Quant aux millimètres, on les a laissés sans

Fig. 1.

Decimetre de grandeur naturelle.

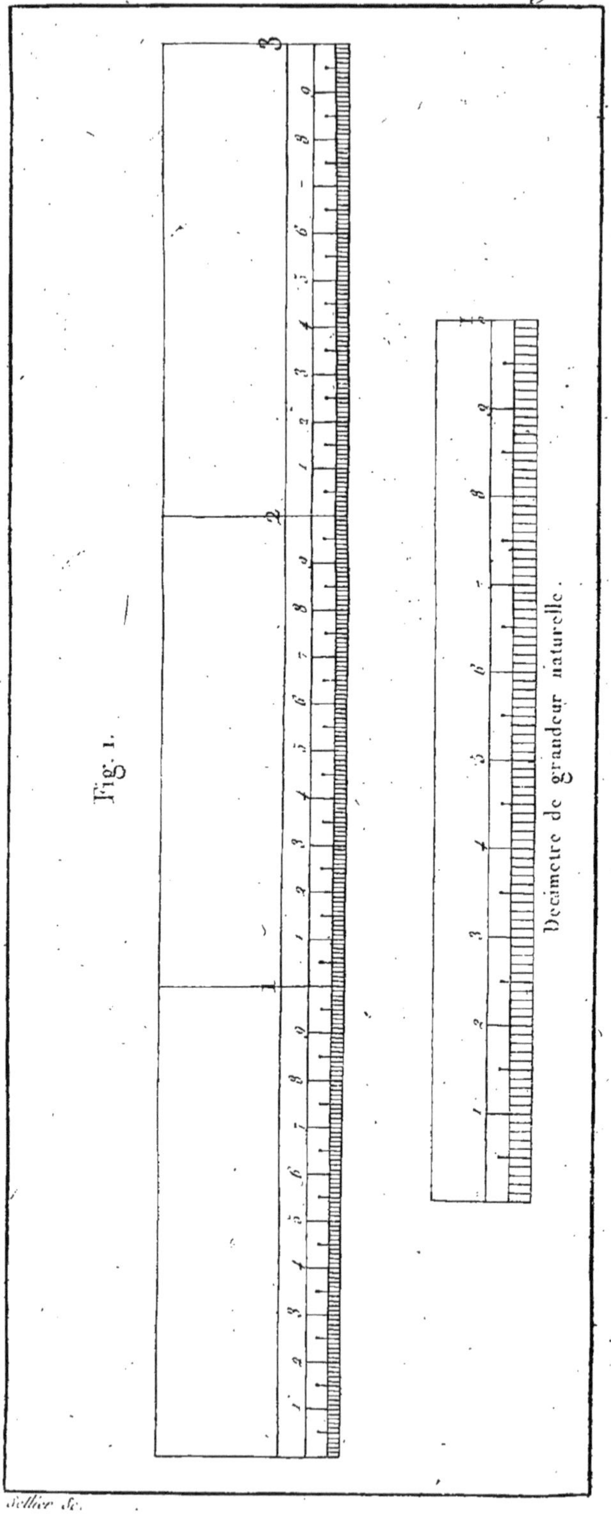

Sellier Sc.

chiffres; seulement on a donné à la ligne du cinquième millimètre de chaque dixaine, une saillie au-dessus des autres lignes, pour aider à se reconnoître, au défaut de chiffres.

D'après cette disposition, l'instrument offre comme de lui même les nombres qui expriment les sousdivisions du mètre, par lesquelles on a passé, en mesurant une longueur affectée de restes fractionnaires. Supposons cette longueur égale à sept mètres, deux décimètres, trois centimètres & quatre millimètres. Parmi les chiffres 7, 2, 3, 4 qui appartiennent à ce résultat, on n'a besoin que de se rappeler le premier; on trouve le second & le troisième écrits sur la partie de l'instrument qui a servi à mesurer les petites longueurs correspondantes, & il est bien aisé de suppléer le chiffre 4 qui indique le nombre des millimètres.

Les mêmes chiffres peuvent également servir à exprimer uniquement en millimètres les sousdivisions du mètre qui font partie du résultat. Ainsi, dans l'exemple que nous venons de citer, on trouveroit tout d'un coup que le résultat est 7 mètres, 234 millimètres, en appliquant les trois chiffres indiqués par l'inſtrument à la plus petite des ſousdiviſions du mètre.

23. On auroit pu à la rigueur ſe contenter du mètre pour toutes les opérations qui exigent l'emploi des meſures linéaires, puiſqu'on trouvera toujours dans le mètre & ſes ſousdiviſions, un moyen de meſurer une longueur avec une exactitude ſuffiſante ; mais comme dans l'ancienne méthode de meſurer, on avoit imaginé différentes eſpèces de meſures uſuelles, pour faciliter ou abréger les opérations, on a penſé qu'il convenoit d'introduire auſſi dans le nouveau ſyſtème, diverſes meſures qui répondiſſent aux précédentes, & puſſent les remplacer pour l'uſage ordinaire.

24. A l'égard de l'aune qui étoit deſtinée principalement à meſurer les étoffes, il étoit d'autant plus naturel de choiſir le mètre lui-même pour en tenir lieu, qu'il eſt ſeulement plus court d'environ ſept pouces que l'aune telle qu'on l'emploie à Paris, & qu'il ſe rapproche encore davantage de l'aune adoptée dans les pays étrangers, avec leſquels la

France a des rapports de commerce. Les mètres appliqués à cet uſage ſont d'une forme carrée, comme celle de l'aune, & leurs diviſions qui ne s'étendent que juſqu'aux centimètres, ſont indiquées par de ſimples traits marqués ſur le bois & garnis de clous, comme cela ſe pratiquoit encore à l'égard de l'aune.

25. Pour remplacer la toiſe, on a choiſi le double mètre qui n'a pas deux pouces de plus en longueur; ſur quoi il faut bien faire attention que le double mètre n'eſt employé que pour meſurer plus commodément & d'une manière plus expéditive une grande longueur; de ſorte qu'en l'appliquant ſucceſſivement ſur les différentes parties de cette longueur, on doit compter par les nombres 2, 4, 6, 8, &c. en regardant chaque application du double mètre comme l'équivalent de deux applications ſucceſſives d'un mètre unique.

26. Enfin pour ſuppléer au pied, & avoir auſſi une meſure de poche que l'on pût toujours porter ſur ſoi & employer au beſoin, on a exécuté une meſure égale à 25 centi-

mètres, & que l'on a ſousdiviſée en millimètres. Le principal uſage de cette meſure eſt de déterminer de petites longueurs inférieures à celles du mètre, quoiqu'il ſoit facile, avec un peu d'habitude, de l'employer auſſi au défaut du mètre lui-même. On pourra, ſi l'on veut, appeler cette meſure *quart de mètre*, en n'employant ce mot que comme une expreſſion abrégée, pour déſigner une longueur de 25 centimètres. On a remarqué que cette longueur ſe rencontroit, par une ſorte de haſard, avec la longueur la plus ordinaire du pied de l'homme, qui eſt à peu-près de neuf pouces.

27. La manière de tracer les diviſions & leurs chiffres ſur le quart de mètre eſt ſemblable à celle qui a lieu pour le mètre. Ainſi l'artiſte qui diviſe cette meſure, opère comme s'il eût commencé à diviſer un mètre entier, & ſe fût arrêté tout-à-coup après deux décimètres & demi; & cette diviſion fractionnaire, qui ſemble d'abord une imperfection, avertit au contraire celui qui emploie la meſure, d'une choſe qu'on veut lui apprendre,

ſavoir que cette meſure n'entre point dans l'ordre du ſyſtème, qu'elle n'eſt point une des ſousdiviſions du mètre, mais un ſimple fragment de mètre, deſtiné pour l'uſage de tous les momens, & dont on a ſéparé le reſte du mètre, qui deviendroit alors ſuperflu & incommode.

28. Rapports entre les nouvelles meſures de longueur & les anciennes.

Le mètre comparé au pied vaut à peu-près	$3^p\ 0^p\ 11^l\ \frac{44}{100}$.
Le double mètre comparé à la toiſe	$6^p\ 1^p\ 10^l\ \frac{22}{25}$.
Le mètre comparé à l'aune de Paris, de $3^p\ 7^p\ 10^l\ \frac{5}{6}$	$\frac{101}{120}$ aunes ou $\frac{5}{6}$ aunes & quelque choſe.
Le quart de mètre comparé au pied	$9^p\ 2^l\ \frac{6}{7}$.
Le décimètre	$3^p\ 8^l\ \frac{11}{32}$.
Le centimètre	$4^l\ \frac{10}{23}$.
Le millimètre	$\frac{4}{9}{}^l$.

II. DES MESURES AGRAIRES.

29. Les meſures agraires, ainſi que nous l'avons déjà dit (2), ſont celles qui ſervent

à évaluer l'étendue des parties d'un terrain, comme un champ, une prairie, un bois, &c. Nous observerons d'abord que ces mesures ne sont qu'une dépendance des mesures de superficie (2), employées en général à mesurer toute étendue que l'on considère suivant deux dimensions, dont l'une s'appelle longueur & l'autre largeur. Jusqu'à présent l'unité usuelle des mesures de superficie étoit tantôt la toise carrée, & tantôt le pied carré. A l'avenir, elle sera le mètre carré; & ainsi lorsqu'on voudra mesurer l'étendue d'une terrasse, d'une cour, d'un mur, &c., on cherchera le nombre de mètres carrés renfermés dans cette étendue.

30. Remarquons encore, avant d'aller plus loin, que pour employer le mètre carré comme unité des mesures de superficie, l'opération se réduit à mesurer, avec le mètre linéaire, les dimensions de la surface que l'on veut évaluer, & que c'est le calcul qui, d'après ces dimensions, donne le nombre de mètres carrés que contient la surface.

31. Revenons maintenant aux mesures

agraires. On ſait que l'unité de ces meſures qu'on employoit le plus ordinairement dans l'ancien ſyſtème, étoit l'arpent. On lui a ſubſtitué, dans le nouveau ſyſtème, un grand eſpace carré, dont le côté eſt de cent mètres, & qui renferme dix mille mètres carrés. On a donné à cette unité le nom d'*are*, dérivé d'un mot qui ſignifie *labourer*. Son étendue eſt à peu-près double de celle de l'arpent qu'elle remplace.

32. Pour avoir enſuite d'autres meſures uſuelles propres à concourir avec l'are à l'évaluation des terrains qui étant ſousdiviſés par cette unité de meſure, donneroient un reſte, ou de ceux qui n'auroient que des dimenſions inférieures, on a ſousdiviſé l'are en dix parties égales, dont chacune a été appelée *déciare*, & le déciare à ſon tour en dix parties égales, dont chacune porte le nom de *centiare*. La ſurface du déciare eſt égale à mille mètres carrés, & celle du centiare à cent mètres carrés.

33. Tableau des mesures agraires.

FIGURES des Mesures.	LONGUEUR des côtés, en Mètres linéaires.	NOMBRE des Mètres carrés.	NOMS des Mesures.
Carré....	100 MÈTRES en tout sens............	10000....	ARE, ou *unité de Mesure agraire.*
Carré long...	100 MÈTRES dans un sens & 10 dans l'autre.	1000....	DÉCIARE.
Carré long (*a*).	100 MÈTRES dans un sens & un dans l'autre.	100....	CENTIARE.

34. Il arrive souvent que les terrains dont on cherche l'étendue, en la comparant à celle de l'are, s'écartent de la simplicité & de la régularité qui conviennent aux mesures usuelles; mais la géométrie fournit des règles pour partager ces terrains en un certain nombre de triangles, dont on évalue la somme en ares, déciares, centiares, &c. & c'est en cela que consiste l'*arpentage.*

(*a*) Le centiare est aussi susceptible de prendre la figure d'un carré parfait, dont le côté seroit égal à dix mètres; mais celle que nous lui attribuons ici est adaptée à la méthode de calcul usitée dans l'arpentage.

III. DES MESURES DE CAPACITÉ.

35. Après avoir choisi le mètre carré (29), pour y rapporter les mesures de superficie, il devenoit indispensable d'adopter le mètre cubique, comme unité des mesures de solidité, pour remplacer le pied cube & la toise cube (3), lorsqu'on auroit à mesurer des solides construits ou façonnés par certains arts, comme les parties d'un édifice, les pièces d'une charpente, &c. Nous ferons à ce sujet une remarque semblable à celle que nous avons déjà faite (30) à l'égard du mètre carré, savoir que dans l'évaluation des solidités, c'est encore le mètre linéaire qui est employé d'abord à mesurer les dimensions du corps sur lequel on opère. Le calcul fait connoître ensuite combien de fois la véritable unité, qui est le mètre cubique, est renfermée dans le volume de ce corps.

36. De même que les mesures agraires sont une dépendance des mesures de superficie, dont elles ne diffèrent que par la relation qu'elles ont avec les productions de la terre,

de même aussi les mesures de capacité dérivent des mesures de solidité, avec la seule différence qu'elles sont appropriées à certaines substances que la terre nous offre pareillement pour les besoins journaliers de la vie, & dont ces mesures servent à évaluer la quantité ou le volume.

37. Parmi ces différentes substances, les unes sont des liquides, tels que le vin, la bière, l'eau-de-vie, &c. Les autres sont des grains, tels que le blé, le seigle, l'orge, le riz, &c. Mais comme ce n'est toujours qu'une même manière d'opérer, qui consiste à transvaser la substance qu'on se propose de mesurer, on a pensé que pour mettre plus de simplicité & d'uniformité dans le nouveau système, il convenoit d'adopter pour les liquides & pour les grains, des mesures qui eussent les mêmes grandeurs & portassent les mêmes noms. Seulement on fera varier les formes, suivant que l'exigera la diversité des usages auxquels les mesures seront employées.

38. Nous avons vu (31) que l'are ou l'unité

des meſures agraires contenoit dix mille fois le mètre carré ou l'unité des meſures uſuelles de ſuperficie, & nous avons expoſé la raiſon qui avoit engagé à étendre ainſi les limites de la meſure dont il s'agit. Au contraire, l'uſage que l'on fait des meſures de capacité pour les beſoins journaliers, exigeoit que l'unité fût ici une meſure qui n'eût que de petites dimenſions. En conſéquence, on a choiſi pour cette unité la millième partie du mètre cubique.

39. Si l'on ſuppoſe que l'unité dont il s'agit ait elle-même la forme d'un cube, le côté de ce cube ſera égal au décimètre, & par conſéquent le corps prendra le nom de *décimètre cubique.* Mais comme la forme eſt ici indifférente, pourvu que le contenu ſoit le même, tout vaſe d'une forme quelconque, qui contiendroit préciſément la même quantité de liquide ou de ſolide qu'un vaſe dans lequel un décimètre cubique entreroit ſans y laiſſer de vide, ſera cenſé repréſenter l'unité relative aux meſures uſuelles de capacité.

Cette unité portera le nom de *cadil.*

40. Figurons-nous maintenant d'autres mesures qui soient égales successivement à dix décimètres cubiques ou à dix cadils, à cent décimètres cubiques, &c. Dès le troisième terme de cette progression, nous arriverons à une mesure qui équivaudra au mètre cubique, & ce sera celle qui contiendroit mille cadils ou mille décimètres cubiques. Cette mesure porte le nom de *cade*, & on peut la considérer comme la mesure usuelle à laquelle se rapportent les grands approvisionnemens de liquides & de grains.

On voit par-là que la dénomination de *cadil* donnée à l'unité des mesures de capacité destinées pour les besoins du moment, est une espèce de diminutif du mot *cade*, qui exprime à son tour une unité d'un ordre supérieur, relative aux grandes fournitures, ce qui établit entre les deux noms un rapport assorti aux usages des mesures dont ils rappellent l'idée.

41. Entre le cade & le cadil, il y a deux mesures intermédiaires; savoir, le *décicade*, qui est la dixième partie du cade; & le *centicade*, qui en est la centième partie.

42. Tableau des mesures de capacité les plus ordinaires.

RAPPORTS avec le Décimètre cubique, ou le Cadil.	VALEURS en parties du Mètre cubique.	NOMS des Mesures.
1000..........	....1....	CADE.
100..........	....$\frac{1}{10}$....	DÉCICADE.
10..........	....$\frac{1}{100}$....	CENTICADE.
1..........	...$\frac{1}{1000}$...	CADIL, ou *unité usuelle des Mesures de capacité.*

43. En comparant le cadil d'une part & le centicade de l'autre, aux deux anciennes mesures usuelles avec lesquelles celles-ci ont le plus de rapport, & dont l'une servoit pour les liquides, & l'autre pour les grains, on trouve que le cadil contient à peu-près une pinte & un vingtième, mesure de Paris, & que le centicade contient environ seize livres de blé, tandis que le boisseau de Paris en contient vingt livres.

44. Rien n'empêchera qu'on ne fasse aussi

des doubles centicades, des triples centicades, &c. ſuivant que l'exigeront les differens genres de commerce dans les divers pays. Mais en employant ces meſures, on ramènera toujours leurs capacités à celles des meſures plus petites dont elles ſeront des multiples, de manière à ne point s'écarter du principe général dont on eſt parti pour régler la progreſſion des nouvelles meſures.

On voit par ce qui précède, que la nature des ſubſtances à l'état de liquide ou de grains, fournit un moyen ſimple, expéditif & aſſez précis pour l'uſage ordinaire, de meſurer un vaſe, en y verſant, à pluſieurs repriſes, la quantité de liquide ou de grains contenue dans une meſure uſuelle bien connue, telle que la pinte, juſqu'à ce que le premier vaſe ſoit plein. On peut encore juger de la capacité d'un vaſe, par le poids de la quantité de liquide ou de grains ſuffiſante pour le remplir. Mais lorſque les vaſes ſont d'une grandeur conſidérable, on ſe ſert d'un inſtrument appelé *jauge*, pour comparer les capacités de ces vaſes, qui ſont ordinairement des tonneaux, avec la capacité déjà connue d'un autre vaſe de même figure.

IV.

IV. Des Poids.

45. Les poids qui ſont d'un uſage encore plus fréquent dans le commerce, que les meſures de longueur & de capacité, étoient en même-temps la partie la plus vicieuſe de l'ancien ſyſtème. La diviſion de la livre en quarterons, en onces, en gros, en grains, &c., étoit ſi mal aſſortie, que celui qui vouloit acheter, par exemple, deux gros d'une certaine marchandiſe, étoit ſouvent loin de ſavoir qu'il demandoit un ſoixante-quatrième de la livre. D'une autre part les formes des poids n'offroient rien qui pût aider l'œil à les reconnoître. Le marchand ſeul les diſtinguoit par la grande habitude qu'il avoit de les manier; mais la plupart des acheteurs euſſent été bien embarraſſés, dans certains cas, de faire eux-mêmes la peſée de ce qu'ils avoient demandé.

46. Pour étendre à cette même partie les avantages du nouveau ſyſtème, il falloit d'abord déterminer d'une manière invariable l'unité de poids. On a fait dépendre cette détermination de celle des meſures de

capacité (35), & l'on eſt convenu de prendre pour l'unité de poids, celui de la quantité d'eau renfermée dans le cadil, après avoir mis cette eau dans un certain état dont nous allons parler.

47. La manière ordinaire d'évaluer le poids de la quantité de liquide contenue dans un vaſe, conſiſte à peſer d'abord le vaſe ſeul, puis à le peſer de nouveau après l'avoir rempli de liquide, & la différence entre les deux peſées donne le poids du liquide. Mais ce moyen n'étant pas aſſez exact, on en a employé un autre qui eſt connu des Phyſiciens, & qui eſt ſuſceptible d'une grande préciſion. De plus, l'eau dont on s'eſt ſervi avoit été diſtillée, ou paſſée, comme l'on dit, à l'alambic, & on lui avoit fait prendre un degré déterminé de température qui eſt celui de la glace fondante, ou celui qui eſt indiqué par le point de zéro ſur le thermomètre ordinaire. Enfin on a ſuppoſé cette eau peſée dans le vide, c'eſt-à-dire, dans un eſpace entièrement purgé d'air. Toutes ces conditions étoient néceſſaires pour avoir un point fixe de départ,

& pour être assuré de trouver toujours le même résultat, en répétant l'expérience.

Ainsi l'unité de poids est le poids d'une quantité d'eau distillée, égale à celle qui est contenue dans le cadil, mise au degré de la glace fondante, & pesée dans le vide. Ce poids vaut deux livres, cinq gros, quarante-neuf grains de l'ancien poids de marc.

48. On a donné à l'unité de poids le nom de *grave*, qui signifie un corps pesant. Sa dixième partie se nomme *décigrave*, sa centième partie *centigrave*, & sa millième partie *gravet*. Ces quatre espèces de poids suffisent pour les usages les plus communs. C'est la partie du système qui servira à remplacer l'ancienne livre avec ses sousdivisions en demi-livres, en quarterons, onces, demi-onces, gros & demi-gros.

49. Mais il étoit nécessaire d'avoir aussi des poids très-petits qui pussent tenir lieu des grains, des demi-grains & des quarts de grain, pour plusieurs genres d'opérations qui exigent beaucoup de précision, comme les essais de

l'or & de l'argent, la pesée du diamant, celle de certains sels ou autres médicamens qui ne doivent être administrés qu'à petites doses, &c. En conséquence on a formé trois nouvelles divisions du grave, au moyen desquelles le gravet à son tour se trouve sousdivisé à l'imitation du grave. La première sousdivision est le *décigravet*, égal à la dix millième partie du grave; la seconde le *centigravet*, ou le cent millième du grave; & la troisième le *milligravet*, ou le millionième du grave.

50. Et pour avoir de même au-dessus du grave des poids dont on pût se servir pour les grandes pesées, où l'on employoit autrefois le quintal & le demi-quintal, on a regardé le poids d'eau distillée, qui répond au mètre cubique, comme une nouvelle unité à laquelle on a donné le nom de *bar*, dérivé d'un mot qui signifie corps pesant *(a)*. Le bar équivaut à mille graves; sa dixième partie qui est le

---

(a) L'étymologie du mot *grave* est prise dans la langue Latine, & celle du mot *bar* dérive de la langue Grecque.

décibar, pèse cent graves, & sa centième partie qui est le *centibar*, pèse dix graves.

51. Tableau du système des nouveaux poids.

RAPPORTS avec le Décimètre cube d'eau distillée.	RAPPORTS avec le Mètre cube d'eau distillée.	NOMS des Poids.
1000	. . . . . 1	BAR ou MILLIER.
100	. . . . . $\frac{1}{10}$	DÉCIBAR.
10	. . . . $\frac{1}{100}$	CENTIBAR.
1	. . . . $\frac{1}{1000}$	GRAVE.
$\frac{1}{10}$	. . . . $\frac{1}{10000}$ . . .	DÉCIGRAVE.
$\frac{1}{100}$	. . . $\frac{1}{100000}$ . . .	CENTIGRAVE.
$\frac{1}{1000}$	. . . $\frac{1}{1000000}$ . . .	GRAVET.
$\frac{1}{10000}$	. . . $\frac{1}{10000000}$ . . .	DÉCIGRAVET.
$\frac{1}{100000}$	. . . $\frac{1}{100000000}$ . . .	CENTIGRAVET.
$\frac{1}{1000000}$	. . $\frac{1}{1000000000}$ . .	MILLIGRAVET.

52. Mais il falloit que l'usage de ces poids, sur-tout de ceux que l'on emploie journellement, comme le grave & ses sousdivisions, fût assorti à la diversité des pesées : en sorte

que l'on pût former par leur moyen toutes les combinaiſons poſſibles. Or pour parvenir à ce but, en ne ſe ſervant que de ces mêmes poids, on eût été obligé de multiplier chacun d'eux, ce qui eût entraîné beaucoup de longueurs & de difficultés dans les peſées. On a paré à ces inconvéniens, en formant des poids intermédiaires, à l'aide deſquels on pût opérer d'une manière plus commode, plus expéditive, & toujours conforme à la diviſion par dix, qui ſert de baſe au ſyſtème.

53. Pour remplir ce double objet, on a formé d'abord trois rangées de poids relatifs aux trois premières ſousdiviſions du grave. Sur la première rangée ſe trouvent un poids de cinq décigraves, placé en tête, & enſuite quatre autres poids, chacun d'un décigrave; ſur la ſeconde, d'abord un poids de cinq centigraves, puis quatre autres poids, chacun d'un centigrave; ſur la troiſième, d'abord un poids de cinq gravets, puis cinq autres poids, chacun d'un gravet.

Maintenant, ſi l'on prend la ſomme des poids de chaque rangée, en remontant, on aura pour la dernière dix gravets qui valent un centigrave; pour la ſeconde, neuf centigraves qui, avec le précédent, font un décigrave, & pour la première, neuf décigraves qui, joints au précédent, complètent le poids du grave.

54. Tous ces poids ſont d'une forme arrondie, comme les pièces de monnoie, & ceux d'une même rangée ont des diamètres égaux; en ſorte que le premier ne diffère d'avec les quatre ou cinq ſuivans, que par une hauteur plus conſidérable. De plus, les poids qui appartiennent aux différentes rangées, ont des diamètres proportionnels à leurs différences; & ainſi, en ſuppoſant tous ces poids diſpoſés ſymétriquement ſur différentes lignes, comme nous venons de l'expliquer, l'œil en ſaiſit aiſément les rapports, d'après celui de leurs hauteurs & de leurs diamètres, & ſe familiariſe bientôt avec les dimenſions propres à tel ou tel poids; en ſorte que quand il ſe préſente ou ſeul ou mêlé avec les autres, il n'a aucune peine à le diſcerner, & à juger du rang qu'il occupe dans le ſyſtème.

55. On a formé de même trois rangées de poids relatifs aux ſousdiviſions du gravet,

distribués dans le même ordre; savoir, pour la première rangée un poids de cinq décigravets, & quatre décigravets séparés; pour la seconde un poids de cinq centigravets, & quatre centigravets séparés; & pour la troisième, un poids de cinq milligravets, & cinq milligravets séparés. Les trois sommes prises de même en remontant, donnent d'abord dix milligravets, ou l'équivalent d'un centigravet, ensuite neuf centigravets qui avec le précédent font un décigravet, & enfin neuf décigravets qui, joints au précédent, complètent le poids du gravet.

56. On a établi aussi relativement à la partie du système comprise depuis le grave jusqu'au bar, un mode de division qui, en ajoutant aux poids donnés immédiatement par le rapport décimal, d'autres poids intermédiaires, fût propre à faciliter les grandes pesées. En conséquence, on est convenu, qu'outre le centibar ou le poids de dix graves, qui étoit déjà dans la série, on feroit des poids de vingt graves, d'autres de cinq graves, & d'autres de deux graves. On pourra multiplier chacun de ces poids, pour simplifier

les pesées; & l'assortiment qui a paru à cet égard mériter la préférence, est celui qui est composé de quatre poids de vingt graves, de deux poids de dix graves, d'un de cinq graves, d'un autre de deux graves, avec trois poids d'un grave chacun; ce qui forme une somme de cent dix graves.

57. Rapports entre les nouveaux poids & les anciens.

	Livres.	Onces.	Gros.	Grains.
Bar	2044.	6.	0.	40.
Décibar	204.	7.	0.	4.
Poids de 20 Graves.	40.	14.	1.	44.
Centibar	20.	7.	0.	58.
Poids de 5 Graves.	10.	3.	4.	29.
Poids de 2 Graves..	4.	1.	3.	26.
Grave	2.	0.	5.	49.
Poids de 5 Décigraves.	1.	0.	2.	60 $\frac{1}{2}$.
Décigrave		3.	2.	12 $\frac{1}{10}$.
Poids de 5 Centigraves.		1.	5.	6 $\frac{1}{20}$.
Centigrave	.	.	2.	44 $\frac{41}{100}$ ou $\frac{9}{22}$ grains à peu-près.
Poids de 5 Gravets....	.	.	1.	22 $\frac{41}{200}$ ou $\frac{1}{5}$ gr.
Gravet	.	.	.	18 $\frac{841}{1000}$ ou $\frac{16}{19}$ gr.
Poids de 5 Décigravets.	.	.	.	9 $\frac{841}{2000}$ ou $\frac{5}{12}$ gr.
Décigravet	.	.	.	1 $\frac{8841}{10000}$ ou $\frac{8}{9}$ gr.

Poids de 5 Centigravets. . . . . . $\frac{18841}{20000}$ ou $\frac{49}{52}$ gr.

Centigravet . . . . $\frac{18841}{100000}$ ou $\frac{10}{53}$ gr.

Poids de 5 Milligravets. . . . . . $\frac{18841}{200000}$ ou $\frac{3}{32}$ gr.

Milligravet. . . . . $\frac{18841}{1000000}$ ou $\frac{1}{53}$ gr.

V. DES MONNOIES.

58. La monnoie de compte, qui a pour unité la livre tournois, étoit divisée jusqu'à présent en sous, dont chacun valoit un vingtième de la livre, & en deniers ou en douzièmes de sou. Maintenant on la divisera en décimes qui seront des dixièmes de livre, & en centimes ou centièmes de livre.

59. On sait que les calculs qui s'appliquent aux monnoies, sont sans comparaison ceux dont on fait le plus d'usage. Ils se mêlent presque par-tout dans les opérations relatives aux différentes mesures & aux poids, & ils y portoient la complication qui naît de la manière dont l'ancienne livre étoit sousdivisée. Le rapport décimal substitué à cette division mal assortie, sera un présent fait au commerce, qui lui devra une double économie de temps & de travail.

SECONDE PARTIE.

CALCUL relatif à la division décimale des Mesures déduites de la grandeur de la Terre.

NOTIONS PRÉLIMINAIRES.

60. NOUS avons vu (15) que l'on avoit choisi le rapport de dix à un, qu'on appelle *rapport décimal*, pour diviser & sous-diviser les nouvelles mesures. La raison qui a décidé de la préférence en faveur de ce rapport, c'est que, par ce moyen, tous les calculs qui auront pour objet les opérations sur les nouvelles mesures, vont devenir extrêmement simples & faciles. On avoit, dans l'ancienne méthode, des réductions continuelles à faire de deniers en sous & en livres tournois; de lignes & de pouces en pieds ou en toises; de grains, de gros & d'onces en livres poids de marc; & lorsque l'on visoit à la précision, on avoit en outre des

demies, des tiers, des quarts & d'autres fractions semblables à calculer de différentes manières. Tout cela rendoit l'étude & la pratique des opérations sur les nombres que l'on appeloit complèxes, aussi longues que pénibles.

61. Mais au moyen du rapport décimal il n'y aura plus de fractions, ou du moins ce sera la même chose que s'il n'y en avoit pas, puisqu'à l'aide d'une légère attention, qui ne coûtera presque rien, on les calculera comme les nombres entiers, & que toutes les opérations se réduiront à celles qui ne supposent que la connoissance de ce qu'on appelle communément les quatre premières règles de l'arithmétique.

Par une suite nécessaire, il n'y aura aucune différence entre les opérations relatives aux diverses unités de mesure & de poids. Celui qui saura calculer des mètres, saura en même temps calculer des graves, des livres, & tout ce qu'il voudra, même en supposant qu'on fasse entrer dans le calcul des divisions extrêmement petites du mètre, du grave, de la livre, &c. Tous ces avantages vont devenir ſenſibles par l'expoſition des principes du nouveau calcul.

I. DE LA MANIÈRE D'EXPRIMER EN CHIFFRES LES RÉSULTATS DES OPÉRATIONS SUR LES NOUVELLES MESURES.

62. SUPPOSONS qu'ayant meſuré une longueur, à l'aide du mètre, vous l'ayez trouvée égale à vingt-ſix mètres. Pour coucher cette ſomme en chiffres, & indiquer en même temps qu'elle exprime des mètres, vous écririez $26^{mt.}$, comme pour repréſenter, par exemple, vingt-ſix pieds, ou vingt-ſix livres tournois, au moyen des chiffres, vous écriviez 26^{p} ou 26^{tt}.

Dans cette ſomme, le premier chiffre à gauche vaut deux dixaines; le ſecond vaut ſix unités, & vous ſavez que toute l'arithmétique eſt fondée ſur ce principe, que l'unité de chaque chiffre vaut dix fois l'unité du chiffre qui le ſuit, en allant de gauche à droite, ou ce qui revient au même, que l'unité de chaque chiffre eſt dix fois plus petite que l'unité du chiffre qui le précède vers la gauche.

63. Suppoſons maintenant que la longueur meſurée eût quelque choſe de plus que vingt-ſix mètres, en ſorte qu'elle fût égale à vingt-ſix mètres, plus quatre décimètres, trois centimètres & cinq millimètres,

Si vous vous rappelez (13) qu'un mètre vaut dix décimètres, un décimètre dix centimètres, & un centimètre dix millimètres, vous pourrez écrire ainſi le nombre dont il s'agit, $2\overset{\text{mt.}}{6}435$, en regardant les unités des trois derniers chiffres comme décroiſſantes, de gauche à droite, dans le même rapport que celles des deux premiers, c'eſt-à-dire comme étant toujours dix fois plus petites. De cette manière, en partant de la gauche, & en nommant ſucceſſivement toutes les unités, conformément à leurs valeurs, vous aurez cette ſuite d'expreſſions, *dixaine de mètre, unité de mètre, décimètre ou dixième de mètre, centimètre ou dixième de décimètre, millimètre ou dixième de centimètre.*

Si vous voulez repréſenter en chiffres cette autre longueur, cent vingt-trois mètres, deux décimètres, quatre centimètres, ſix millimètres, vous écrirez $12\overset{\text{mt.}}{3}246$.

64. Il vous ſera également facile d'énoncer par le diſcours un nombre de mètres & de parties décimales du mètre déjà couché en chiffres, par exemple celui-ci, $5\overset{mt.}{1}359$, c'eſt-à-dire cinquante-un mètres, trois décimètres, cinq centimètres, neuf millimètres.

65. Vous voyez que pour exprimer en chiffres une ſomme quelconque, compoſée de mètres & de parties du mètre, il ne s'agit que d'écrire d'abord le nombre des mètres entiers, en mettant au-deſſus du dernier chiffre le mot *mètre* en abregé, & d'ajouter à la ſuite les autres chiffres, dont le premier indique le nombre des décimètres, le ſecond celui des centimètres, & le troiſième celui des millimètres.

Ce ſera la même choſe s'il s'agit de toute autre eſpèce de meſure. Par exemple, pour coucher en chiffres trente-cinq graves, trois décigraves, deux centigraves, cinq gravets, vous écrirez $3\overset{gr.}{5}325$, en déſignant toujours le chiffre qui a rapport à l'unité de meſure par l'abregé du nom de cette unité.

Pour repréſenter deux cent vingt-quatre

livres, ſept décimes, neuf centimes, vous mettrez $\overset{\text{lv.}}{22479}$.

66. Et de même que quand vous aviez meſuré avec le pied une longueur de neuf pieds & dix lignes, par exemple, vous indiquiez par un zéro qu'il n'y avoit point de pouces, en écrivant $9^{\text{p.}}$ $0^{\text{p.}}$ $10^{\text{l.}}$; de même auſſi, lorſque vous aurez à écrire une ſomme relative aux nouvelles meſures, dans laquelle il manquera quelqu'une des diviſions décimales de l'unité, vous mettrez un zéro à la place. Par exemple, pour coucher en chiffres ſix mètres & deux centimètres, vous écrirez $\overset{\text{mt.}}{6}02$, & en liſant cette expreſſion, vous direz *ſix mètres, zéro décimètre, deux centimètres.*

67. Vous ſavez de plus que, dans l'ancien ſyſtème, lorſqu'on viſoit à une grande préciſion, on avoit des fractions qu'on exprimoit en demies, en tiers, &c., & que l'on rapportoit à la dernière des diviſions de l'unité qui avoient des noms particuliers. Par exemple, dans les comptes, on avoit quelquefois des réſultats qu'on exprimoit ainſi, 23^{tt} $5^{\text{ſ}}$ 3^{d} $\frac{2}{3}$, c'eſt-à-dire,

c'eſt-à-dire, vingt-trois livres cinq ſous trois deniers & deux tiers de denier.

De même, lorſque dans une opération relative au nouveau ſyſtème, vous aurez des diviſions de l'unité plus petites que celles qui auront des noms, vous les déſignerez facilement, en conſidérant qu'elles exprimeront toujours des dixièmes de l'unité du chiffre précédent. Ainſi ce nombre $21^{\text{lv.}}345$ s'énonce ainſi : *vingt-une livres, trois décimes, quatre centimes & cinq dixièmes de centime.* Cet autre $9^{\text{mt.}}2137$ s'énonce ainſi : *neuf mètres, deux décimètres, un centimètre, trois millimètres & ſept dixièmes de millimètres ;* ou plus ſimplement, *neuf mètres, deux décimètres, un centimètre, trois millimètres ſept dixièmes.*

68. Remarquez encore que vous pouvez énoncer de pluſieurs manières un nombre compoſé d'unités de meſure & de parties décimales de cette unité. Par exemple, celui-ci, $5^{\text{mt.}}247$; car vous êtes libre de dire *cinq mètres, deux décimètres, quatre centimètres, ſept millimètres*, ou bien, *cinq mètres, deux cent quarante-*

ſept millimètres ; ou même, *cinq mille deux cent quarante-ſept millimètres.*

69. Dans certaines opérations de l'arithmétique, on faiſoit des additions, des ſouſtractions, &c. de nombres dans leſquels, outre l'unité principale, il y avoit des ſousdiviſions de cette unité décroiſſantes de dix en dix, qui étoient ajoutées aux unités principales, de la même manière, par exemple, que les décimes & les centimes ſont ajoutés aux unités de livre dans le nouveau ſyſtème. Alors on diſtinguoit l'unité principale de ſes ſousdiviſions par une virgule intermédiaire. Ainſi, pour déſigner deux unités, trois dixièmes & ſept centièmes, on écrivoit 2,37, dans lequel nombre on voit que la virgule tient lieu des mots indicateurs, tels que mt., gv., lv., dont nous nous ſervons pour indiquer les unités de nos eſpèces de meſures.

Nous emploîrons cette manière de ſéparer l'unité de ſes ſousdiviſions, conjointement avec l'indicateur de cette unité. Ainſi, pour repréſenter trois livres, deux décimes & quatre centimes, nous écrirons à l'avenir $\overset{\text{lv.}}{3},24$. Pour exprimer vingt mètres, ſept décimètres, huit centimètres, nous écrirons 20,78 mt., & ainſi des autres. Il en réſultera cet avantage, que quand nous aurons à écrire l'une au-deſſous de l'autre pluſieurs ſommes compoſées d'unités d'une même meſure, & de parties de ces unités, nous n'emploîrons qu'une fois le mot indicateur de l'unité, ſavoir dans la première ſomme, & dans toutes les autres nous ne mettrons que la virgule.

EXEMPLE.

83,56 lv.
9,34
12,07.

Ici le mot *livre* eſt ſous-entendu aux chiffres 9 & 2, qui précèdent la virgule, dans les deux ſommes inférieures.

70. Et lorſque dans un nombre pris ſéparément, nous ſupprimerons le mot indicateur, en ne laiſſant que la virgule, ce qui aura lieu pour certaines opérations, telles que la multiplication, le nombre ſera cenſé convenir à toutes ſortes d'unités, ainſi que cela eſt d'uſage dans l'arithmétique.

71. Comme les chiffres qui ſuivent la virgule expriment des parties décimales de l'unité, on a donné à ces chiffres le nom de *décimales*, & l'on dit *première*, *ſeconde*, *troiſième*, *&c. décimale*, pour déſigner le premier, le ſecond, le troiſième chiffre, &c. après la virgule.

Voilà tout ce qu'il faut ſavoir pour être en état de faire toutes les additions, ſouſtractions, multiplications & diviſions relatives aux nouvelles meſures & à leurs parties décimales. La ſeule différence entre ces opérations & celles de l'arithmétique ordinaire, conſiſte dans la manière de placer à propos la virgule & l'indication de l'unité principale; & cela eſt ſi facile, que ſouvent en faiſant une opération avec l'attention convenable, on pourroit deviner de ſoi-même à quel endroit l'une & l'autre doivent être miſes, ſans qu'il fût beſoin d'une règle pour le dire.

72. Avant d'expoſer la méthode dont il s'agit, nous donnerons ici la table des abréviations des noms de meſures & de poids, qui pourront ſervir à indiquer, lorſqu'il

ſera néceſſaire, l'eſpèce d'unité relative aux nombres qu'elles accompagneront.

Meſures linéaires.

Millaire.	ml.
Mètre	mt.
Décimètre.	d.mt.
Centimètre	c.mt.
Millimètre.	m.mt.

Meſures de ſuperficie.

Mètre quarré	mt.q. *(a)*
Are	ar.
Déciare.	d.ar.
Centiare	c.ar.

Meſures de ſolidité.

Mètre cubique.	mt.c.
Cade	cd.
Décicade	d.cd.

(a) Nous nous conformons ici à l'ancien uſage, qui étoit d'écrire *quarré* au lieu de *carré*, en ramenant l'orthographe de ce nom à ſon étymologie, qui eſt le mot latin *quadratum*, afin de n'avoir qu'une ſeule lettre à employer pour chacun des ſignes diſtinctifs du carré & du cube.

Centicade.	c.cd.
Cadil	cl.
Décicadil	d.cl.
Centicadil.	c.cl.
Millicadil	m.cl.

Poids.

Bar *ou* Millier	br. *ou* mlr.
Décibar	d.br.
Centibar.	c.br.
Grave.	gv.
Décigrave	d.gv.
Centigrave	c.gv.
Gravet	gvt.
Décigravet	d.gvt.
Centigravet.	c.gvt.
Milligravet	m.gvt.

Monnoies.

Livre	lv.
Décime.	dm.
Centime	cm.

II. DE L'ADDITION.

73. Nous commencerons par citer un exemple tiré de l'ancien ſyſtème, pour vous rappeler ce que vous faiſiez juſqu'à préſent, & vous mettre ainſi à portée de mieux juger par comparaiſon, combien ſera plus ſimple & plus facile ce que vous aurez déſormais à faire.

Ayant reçu cinq ſommes différentes, compoſées de livres, ſous & deniers, vous vous propoſiez d'en former le total, & pour cela vous aviez à ajouter enſemble,

23 livres	18 ſous	9 deniers,	ou	23ᵗᵗ	18ˢ	9ᵈ
9 livres	7 ſous	6 deniers,	ou	9	7	6
12 livres	11 ſous	3 deniers,	ou	12	11	3
6 livres	15 ſous	9 deniers,	ou	6	15	9
& 22 livres	4 ſous	6 deniers,	ou	22	4	6
		Total.....		74ᵗᵗ	17ˢ	9ᵈ.

Vous commenciez par prendre la ſomme des deniers, & pour cela vous comptiez ſucceſſivement & par parties, le nombre de ſous contenu dans cette ſomme. Ce nombre eſt ici de 2 ſous avec un excédant de 9 deniers.

Vous posiez 9 sous la colonne des deniers, & vous reteniez 2 que vous portiez à la colonne des unités de sous, ce qui vous donnoit pour cette colonne 27 sous. Vous posiez 7 sous cette même colonne, & vous reteniez 2 dixaines de sous que vous portiez à la colonne précédente, ce qui faisoit en tout 5 dixaines de sous. Vous preniez la moitié de 5 qui est 2, avec une dixaine de reste. Vous posiez 1 sous la colonne des dixaines de sous, & vous reteniez 2^{tt} que vous portiez à la colonne des unités de livre, après quoi vous poursuiviez l'opération à l'ordinaire.

La difficulté étoit encore plus grande lorsqu'il s'agissoit d'additionner d'autres quantités, telles que des livres poids de marc, avec des sousdivisions de la livre en 16 onces, de l'once en 8 gros, du gros en 72 grains, & quelquefois du grain en demies, en quarts, &c. Une seule addition étoit ainsi composée de plusieurs opérations différentes, dont chacune avoit sa difficulté particulière.

74. A l'aide du nouveau système, les additions de toutes les espèces de mesures

ſe réduiſent à la pratique fort aiſée de la règle ſuivante.

Règle.

Écrivez les ſommes à ajouter les unes au-deſſous des autres, en mettant toutes les virgules ſur une même colonne, & dans le total, placez la virgule au même rang où elle eſt déjà dans les nombres ſupérieurs.

Exemples d'Addition.

Addition des Livres, Décimes & Centimes.

75. *Exemple.* On propoſe d'ajouter

	lv.
34 livres, 9 décimes, 4 centimes, ou	34,94
8 livres, 5 décimes, 3 centimes, ou	8,53
15 livres, 3 décimes, 1 centime, ou	15,31
13 livres, 4 décimes, 2 centimes, ou	13,42
32 livres, 3 décimes, 4 centimes, ou	32,34
Total.	lv. 104,54.

Remarque.

76. Il peut y avoir des places vides entre les ſommes, lorſque l'une de ces ſommes a moins de décimales que l'autre. Dans ce cas, on paſſe les vides, en faiſant l'addition,

comme on passe les zéros dans l'arithmétique ordinaire.

Exemple. On veut ajouter

	lv. 25,78
	7,6
	14,3
	9,25
Total..........	lv. 56,93.

77. *Autre exemple.* On propose d'ajouter

d'ajouter...............	lv. 3,045
	15,4
	0,67
	14,3
Total......	lv. 33,415.

Addition des mesures de longueur pour le commerce des étoffes.

78. *Exemple.* On demande la longueur totale de quatre pièces d'étoffe:

La 1.re de 25 mt. 3 d.mt. 5 c.mt.,	ou	mt. 25,35,
La 2.e de 13 mt. 7 d.mt. 8 c.mt.,	ou	13,78,
La 3.e de 8 mt. 2 d.mt. 6 c.mt.,	ou	8,26,
La 4.e de 10 mt. 4 d.mt. 7 c.mt.,	ou	10,47,
Total......		mt. 57,86.

79. *Autre exemple.* On suppose les longueurs,

	mt.
L'une de.....	9,03
La 2.e de.....	15,4
La 3.e de.....	27,12
La 4.e de.....	6,5
Total.........	58,05.

Addition des mesures de longueur pour les ouvrages de construction.

80. *Exemple.* Ayant mesuré cinq longueurs différentes sur quelque partie de bâtiment, ou ailleurs, on désire connoître la longueur totale :

						mt.
La 1.re est de	17 mt.	3 d.mt.	5 c.mt.	4 m.mt.	ou	17,354
La 2.e de	12 mt.	0 d.mt.	4 c.mt.	9 m.mt.	ou	12,049
La 3.e de	8 mt.	7 d.mt.	0 c.mt.	3 m.mt.	ou	8,703
Le 4.e de	2 mt.	4 d.mt.	1 c.mt.	7 m.mt.	ou	2,417
Le 5.e de	10 mt.	0 d.mt.	0 c.mt.	5 m.mt.	ou	10,005
					Total......	50,528.

81. *Autre exemple.* On propose d'ajouter.................. $\overset{mt.}{3{,}02}$

0,4

6,056

0,2

0,03

Total....... $\overset{mt.}{9{,}706}$.

Addition des Poids.

82. *Exemple.* Ayant fait successivement quatre pesées, on désire connoître la totalité du poids :

La 1.re a donné	$9^{gv.}$	$6^{d.gv.}$	$2^{c.gv.}$	ou	$\overset{gv.}{9{,}62}$
La 2.e	$7^{gv.}$	$4^{d.gv.}$	$8^{c.gv.}$	ou	7,48
La 3.e	$0^{gv.}$	$2^{d.gv.}$	$5^{c.gv.}$	ou	0,25
La 4.e	$6^{gv.}$	$0^{d.gv.}$	$7^{c.gv.}$	ou	6,07
				Total.....	$\overset{gv.}{23{,}42}$ (*a*).

(*a*) Il n'est pas inutile d'observer que quand on emploie des poids de cinq graves, de cinq décigraves, &c. avec d'autres poids simples, ce que l'on doit toujours faire de manière à n'avoir dans la balance que le moindre nombre de poids possible (52), il faut de plus suivre

83. *Autre exemple.* On demande le poids total qui résulte de quatre petites pesées,

L'une	de $0^{gv.}\ 1^{d.gv.}\ 3^{c.gv.}\ 4^{gvt.}\ 5^{d.gvt.}$ . . .	ou	$\overset{gv.}{0},1345$
La 2.^e^	de $0^{gv.}\ 0^{d.gv.}\ 2^{c.gv.}\ 6^{gvt.}$	ou	0,026
La 3.^e^	de $0^{gv.}\ 1^{d.gv.}\ 3^{c.gv.}\ 4^{gvt.}\ 6^{d.gvt.}\ 9^{c.gvt.}$	ou	0,13469
La 4.^e^	de $0^{gv.}\ 0^{d.gv.}\ 0^{c.gv.}\ 7^{gvt.}\ 1^{d.gvt.}$ . . .	ou	0,0071
	Total		$\overset{gv.}{0},30229$.

84. *Autre exemple.* On a pesé successive-

---

une certaine méthode, en retirant successivement ces poids, pour écrire le résultat de l'opération. Ainsi, après la première des quatre pesées dont il s'agit ici, on prendroit d'abord le poids de cinq graves qui se trouveroit dans la balance, puis les deux poids de deux graves chacun, en disant, 5 & 4 font 9, & l'on écriroit 9 suivi d'une virgule, parce que ce chiffre a rapport au grave, qui est l'unité de poids. On prendroit ensuite le poids de 5 décigraves, qui se trouveroit pareillement dans la balance, puis le poids d'un décigrave qui l'accompagneroit, en disant, 5 & 1 font 6, & l'on écriroit 6 après la virgule : il ne resteroit plus que deux centigraves séparés, que l'on indiqueroit par le chiffre 2 placé après le 6. On feroit de même pour les poids relatifs aux pesées suivantes : de cette manière le nombre qui exprime le résultat de chaque pesée se présente comme de lui-même.

ment cinq ballots de marchandiſe, pour en chercher le poids total.

Le 1.er	pèſe	$1^{br.}$	$1^{d.br.}$	$5^{c.br.}$	$7^{gv.}$	ou	$\overset{br.}{1,157}$
Le 2.e	...	$0^{br.}$	$2^{d.br.}$	$3^{c.br.}$	$9^{gv.}$	ou	0,239
Le 3.e	...	$0^{br.}$	$1^{d.br.}$	$7^{c.br.}$	$6^{gv.}$	ou	0,176
Le 4.e	...	$1^{br.}$	$3^{d.br.}$	$9^{c.br.}$	...	ou	1,39
Le 5.e	...	$0^{br.}$	$2^{d.br.}$	$0^{c.br.}$	$5^{gv.}$	ou	0,205.
					Total......		$\overset{br.}{3,167}$

Remarque.

85. Si l'on n'avoit à ajouter enſemble que des ſousdiviſions de l'unité principale, comme des décimètres, des centimètres, &c. lorſqu'il s'agit de meſures de longueur, on pourroit prendre pour unité la plus grande de ces ſousdiviſions, & y rapporter le réſultat de l'opération.

Exemple. On veut ajouter

$3^{d.mt.}$	$2^{c.mt.}$	$5^{m.mt.}$	ou	$\overset{d.mt.}{3,25}$,
$4^{d.mt.}$	$7^{c.mt.}$	....	ou	4,7,
$0^{d.mt.}$	$8^{c.mt.}$	$6^{m.mt.}$	ou	0,86,
$0^{d.mt.}$	$0^{c.mt.}$	$8^{m.mt.}$	ou	0,08,
				$\overset{d.mt.}{8,89}$.

III. DE LA SOUSTRACTION.

86. La ſouſtraction des nombres composés d'unités & de parties de l'unité avoit auſſi ſes difficultés dans l'ancien ſyſtème, ſur-tout lorſque le nombre ſupérieur étant plus petit que l'inférieur, dans quelqu'une des colonnes qui appartenoient aux ſousdiviſions de l'unité principale, il falloit emprunter une unité ſur la colonne précédente. Cet emprunt exigeoit deux attentions, l'une pour réduire l'unité que l'on venoit d'emprunter en parties de la même eſpèce que celle de la colonne ſur laquelle on opéroit, l'autre pour ajouter le nombre de ces parties avec celui qui ſe trouvoit déjà dans cette même colonne. Donnons auſſi un exemple de cette manière d'opérer.

Vous aviez à ſouſtraire

de 375 liv. 7 ſous 3 deniers, ou de	375^{tt}	7^{ſ}	3^{d}
143 liv. 18 ſous 9 deniers, ou	143	18	9
Reſte........	231^{tt}	8^{ſ}	6^{d}.

Remarquant d'abord que de 3^{d} on ne peut retrancher 9^{d}, vous empruntiez ſur les 7^{ſ} du nombre supérieur un sou que vous réduisiez en 12 deniers : ajoutant ces 12^d à 3^d, vous aviez 15^d dont vous ôtiez 9^d; restoit 6^d que vous écriviez sous la même colonne. Vous passiez à la colonne des sous, & comme des 6^f qui restoient au nombre supérieur, vous ne pouviez non plus retrancher 18^f, vous empruntiez pareillement sur le 5 précédent une unité de livre, que vous réduisiez en 20^f, qui joints à 6^f faisoient 26^f : retranchant 18^f, vous aviez pour reste 8^f, que vous écriviez sous les unités de sou. Vous faisiez ensuite la soustraction des livres à l'ordinaire.

87. A l'aide du nouveau système, la difficulté qui provient des réductions n'a plus lieu, & les emprunts se font comme pour les nombres entiers.

Règle.

Écrivez les deux nombres proposés l'un sous l'autre, de manière que les virgules se répondent, & dans le nombre qui exprime le reste, mettez la virgule au même rang où elle est déjà dans les deux nombres supérieurs.

Cette

Cette règle, comme vous voyez, est la même que pour l'addition.

Exemples de Soustraction.

Soustraction des Livres, Décimes & Centimes.

88. *Exemple.* Vous avez reçu

$26^{lv.}\ 8^{dm.}\ 4^{cm.}\ \frac{6}{10}$ ou $\overset{lv.}{26,846}$

sur quoi vous devez $13^{lv.}\ 9^{dm.}\ 5^{cm.}\ \frac{8}{10}$ ou $13,958$

Reste......... $\overset{lv.}{12,888}$.

Remarque.

89. Il peut arriver que l'un des deux nombres proposés ait moins de décimales que l'autre, par exemple, que l'on ait à retrancher $\overset{lv.}{35,675}$ de $\overset{lv.}{97,3}$; alors, pour éviter tout embarras, vous ajouterez des zéros à la suite du nombre qui aura moins de décimales, jusqu'à ce qu'il en ait autant que l'autre. Dans le cas présent, par exemple, vous ajouterez deux zéros à la suite du second nombre qui deviendra $\overset{lv.}{97,300}$, ce qui ne change rien à sa valeur ; car l'expression $\overset{lv.}{97,3}$ s'énonce

ainſi, 97 livres 3 décimes; & pour énoncer $97^{lv.},300$, vous diriez 97 liv. 3 décimes, zéro centime, zéro dixième de centime, par où vous voyez que les zéros ajoutés ne font rien à la valeur du nombre.

Vous aurez donc	$97^{lv.},300$
dont il faut retrancher	35,675
Reſte.....	$61^{lv.},625$.

Souſtraction des meſures de longueur.

90. *Exemple.* Ayant meſuré deux longueurs différentes, on veut ſavoir de combien l'une diffère de l'autre :

La 1.re eſt de $37^{mt.}\ 0^{d.mt.}\ 3^{c.mt.}\ 5^{m.mt.}\ \frac{6}{10}$ ou de	$37^{mt.},0356$
La 2.e eſt de $19^{mt.}\ 3^{d.mt.}\ 2^{c.mt.}\ 4^{m.mt.}\ \frac{9}{10}$ ou de	19,3249
Différence	$17^{mt},7107$.

Autre exemple. La première longueur

eſt de $5^{mt.}\ 2^{d.mt.}\ 9^{c.mt.}\ 4^{m.mt.}\ \frac{3}{10}$ ou de	$5^{mt.},2943$
La 2.e de $0^{mt.}\ 9^{d.mt.}$ .... ou de	0,9000
Différence........	$4^{mt.},3943$.

Voyez (89).

Souſtraction des Poids.

91. *Exemple.* On a peſé un vaſe d'abord vide, & enſuite après l'avoir rempli de liquide. On déſire connoître le poids du liquide.

Le vaſe plein pèſe $2^{gv.}\ 6^{d.gv.}\ 9^{c.gv.}\ 7^{gvt.}$ ou $\overset{gv.}{2},697$;
Le vaſe vide peſoit $0^{gv.}\ 7^{d.gv.}\ 6^{c.gv.}\ 2^{gvt.}$ ou $0,762$;

Différence ou poids du liquide.... $\overset{gv.}{1},935$.

92. *Autre exemple.* On veut avoir la différence

Entre $4^{bars}\ 3^{décibars}\ 0^{centibars}\ 9^{graves}$ ou $\overset{br.}{4},309$
& .... $2^{bars}\ 7^{décibars}\ 4^{centibars}\ 5^{graves}$ ou $2,745$

Différence ...... $\overset{br.}{1},564$.

93. *Autre exemple.* On a fait deux petites peſées, dans la vue de chercher de combien l'un des deux poids ſurpaſſe l'autre :

La première a donné

$0^{gv.}\ 6^{d.gv.}\ 3^{c.gv.}$ .... ou $\overset{gv.}{0},630000$
La 2.^{e} $0^{gv.}\ 5^{d.gv.}\ 4^{c.gv.}\ 0^{gvt.}\ 7^{d.gvt.}\ 6^{c.gvt.}\ 2^{m.gvt.}$ ou $0,540762$

Différence .... $\overset{gv.}{0},089238$.

Voyez (89).

94. On auroit pu poſer ainſi l'opération précédente, en prenant le décigrave pour l'unité (85).

	d.gv. 6,30000
	5,40762
Différence.....	d.gv. 0,89238.

IV. DE LA MULTIPLICATION.

95. Les avantages du nouveau ſyſtème, pour faciliter les calculs, déjà très-ſenſibles à l'égard des deux opérations précédentes, paroîtront encore plus clairement dans la multiplication, ſur-tout pour les cas où les deux nombres dont il falloit multiplier l'un par l'autre, étoient compoſés d'unités & de ſousdiviſions de l'unité. On faiſoit ces ſortes d'opérations par différentes méthodes, toutes plus difficiles ou plus longues les unes que les autres. Pour vous faire juger tout d'un coup de ce que vous gagnerez à opérer d'après la diviſion décimale des nouvelles meſures, ſuppoſons que l'on vous eût donné la queſtion ſuivante à réſoudre : combien coûteront 33 toiſes 6 pieds 4 pouces de maçonnerie, à

raiſon de 37^{tt} $17^{ſ}$ 9^{d} la toiſe? Ce qu'il y avoit ici d'embaraſſant, c'étoient d'une part les pieds & les pouces, & de l'autre les ſous & les deniers; car ſi la queſtion ſe fût réduite à chercher combien coûteroient 33 toiſes à raiſon de 37^{tt} par toiſe, vous n'auriez eu aucune peine à trouver la réponſe. Or c'eſt préciſément à ce dernier genre d'opérations que reviennent toutes les multiplications à faire ſur les nouvelles meſures, quoique les unités auxquelles elles ſe rapportent puiſſent être ſousdiviſées en parties beaucoup plus petites que le denier, s'il s'agit de monnoies, ou que la ligne, s'il s'agit de meſures de longueur.

96. Avant d'aller plus loin, nous remarquerons que dans toute multiplication il y a trois nombres à conſidérer, dont l'un s'appelle *multiplicande*, le ſecond *multiplicateur* & le troiſième *produit*. Comme ceux qui ont appris l'arithmétique ne ſaiſiſſent pas toujours la différence entre le multiplicande & le multiplicateur, il eſt à propos de vous la faire connoître. Suppoſons que l'on demande combien coûtent 4 aunes d'étoffe à 3^{tt} l'aune? La

véritable manière de réſoudre cette queſtion eſt de dire 4 fois 3₶ font 12₶, d'où l'on conclud que les 4 aunes coûteront 12₶. Prenons maintenant cette autre queſtion; combien en coûtera-t-il pour payer 4 citoyens, dont chacun doit recevoir 3₶? ou celle-ci, combien aura-t-on dépenſé en 4 jours, à raiſon de 3₶ pour la dépenſe de chaque jour? L'opération conſiſtera toujours à dire, 4 fois 3₶ font 12₶.

Dans toutes ces queſtions, le multiplicande eſt 3₶, le multiplicateur eſt 4, & le produit eſt 12₶. Les unités du multiplicande ſont déterminées dans l'opération; elles repréſentent des livres, & en conſéquence le produit lui-même doit exprimer des livres. Mais le multiplicateur n'eſt conſidéré que comme un ſimple nombre qui marque combien de fois on doit prendre le multiplicande, en ſorte qu'en exécutant la multiplication, on ne fait aucune attention à l'eſpèce des unités du multiplicateur. Ainſi dans les trois exemples précédens, ces unités, telles que les préſente la queſtion, ſont tantôt des aunes, tantôt des jours, & tantôt des hommes. Mais il eſt indifférent qu'elles ſoient l'un ou l'autre, par rapport à l'opération, qui donne toujours le même produit 12 ₶.

Vous voyez que pour diſtinguer le multiplicande du multiplicateur, lorſque dans la queſtion les unités de l'un & de l'autre auront des noms particuliers, il ſuffit de vous demander à vous-même quel eſt le nom qui convient aux unités de ce que vous cherchez, c'eſt-à-dire, ſi ces unités ſeront des livres tournois, ou des mètres, ou des graves, &c. Le multiplicande ſera celui des deux nombres dont les unités ont ce même nom. Dans cette queſtion, par exemple, combien coûtent 4 aunes, à 3 ₶ l'aune? on voit que le multiplicande eſt 3 ₶, parce que le produit que l'on cherche doit exprimer des livres.

Au reſte, en poſant les deux nombres, on peut donner la place ſupérieure à celui que l'on voudra, parce que le produit ſera toujours le même; mais en mettant par-deſſous celui qui renferme le moins de chiffres, on a cet avantage, que l'opération en eſt plus ſimple, & nous ſuivrons cet uſage dans tous les exemples de multiplication que nous allons expoſer.

Multiplication d'un nombre composé d'unités & de parties décimales de ces unités par un nombre composé d'unités simples.

97. Les questions de ce genre reviennent à celles que l'on avoit à résoudre dans l'ancien système, lorsqu'on se proposoit de chercher combien coûteroient par exemple, 37 choses quelconques, comme aunes, toises, livres poids de marc, à 13# 17s 6d la chose. Le multiplicateur qui n'exprimoit que des unités simples ne causoit ici aucun embarras, & toute la difficulté venoit des sous & des deniers du multiplicande. Mais en opérant sur des décimes & des centimes, on n'est pas plus gêné par un nombre que par l'autre.

Règle.

98. Après avoir écrit les deux nombres l'un au-dessous de l'autre, en donnant pour la commodité du calcul, la place supérieure à celui qui a le plus de chiffres, faites d'abord la multiplication à l'ordinaire, sans vous embarrasser de la virgule; & ensuite dans le

produit, ſéparez autant de chiffres vers la droite au moyen de la virgule & du mot indicateur, qu'il y a de décimales au multiplicande.

Exemple relatif aux Livres, Décimes & Centimes.

99. *Exemple.* Combien coûteront,

à raiſon de 23$^{lv.}$,85 la choſe,
49 choſes quelconques ?

21465
9540

1168$^{lv.}$,65.

Vous avez ſéparé deux décimales, à l'aide de la virgule, parce qu'il y en a deux au multiplicande.

Remarque.

100. Lorſque le multiplicateur eſt 10, 100, 1000, ou tout autre nombre décimal, on peut effectuer tout d'un coup la multiplication, ſans faire autre choſe que reculer la virgule du multiplicande, d'autant de rangs vers la droite, qu'il y a de zéros au multiplicateur. Ainſi, le produit de 3$^{lv.}$,42 par 10 eſt 34$^{lv.}$,2,

comme il eſt bien aiſé d'en juger, puiſqu'au moyen du déplacement de la virgule, le dernier chiffre 2 qui valoit des centimes, vaut maintenant des décimes, dont chacun eſt égal à 10 centimes, & ainſi des autres chiffres.

Pour multiplier $\overset{\text{lv.}}{4},234$ par 100, on écrira $42\overset{\text{lv.}}{3},4$; pour le multiplier par 1000, on écrira $423\overset{\text{lv.}}{4}$, en ôtant tout-à-fait la virgule, parce que le nombre ſe termine aux unités de livre. Si l'on vouloit multiplier le même nombre par 10000, on écriroit $4234\overset{\text{lv.}}{0}$, en ôtant d'abord la virgule, pour rendre le nombre mille fois plus grand, puis en ajoutant un zéro, pour le rendre encore dix fois plus grand.

On peut faire la même opération ſur un nombre qui exprime des unités de toute autre eſpèce, comme des mètres, des graves, &c.

Obſervez qu'un zéro placé à la ſuite d'un chiffre qui exprime des unités, eſt bien différent de celui qu'on ajoute à la ſuite d'une décimale. Ce dernier ne change point la valeur du nombre (89), au lieu que le premier rend le nombre dix fois plus grand.

Multiplication d'un nombre composé d'unités & de parties décimales de ces unités, par un nombre composé de même d'unités & de parties décimales.

101. Dans les questions de ce genre qui se rapportoient à l'ancien système, le multiplicande étant ordinairement un certain nombre de livres, de sous & de deniers, le multiplicateur exprimoit tantôt des aunes, avec des fractions d'aune, tantôt des toises, avec des pieds, des pouces & des lignes, tantôt des liv. poids de marc, avec des onces, des gros, des grains, &c. Et comme la manière dont l'unité se trouvoit divisée, étoit différente à mesure que l'on changeoit de multiplicateur, quand on s'étoit bien exercé à vaincre les difficultés de telle opération en particulier, il falloit commencer une nouvelle étude non moins pénible, en passant à une opération où l'on avoit une autre espèce d'unité à considérer. Mais à l'avenir, une seule manière d'opérer, très-facile en elle-même, s'appliquera à toutes les espèces de mesures.

Règle.

102. Écrivez les deux nombres proposés l'un au-dessous de l'autre, comme il a été dit (98); multipliez à l'ordinaire, sans faire attention aux virgules, & ensuite dans le produit, séparez autant de chiffres, au moyen de la virgule & du mot indicateur, qu'il y a de décimales au multiplicande & au multiplicateur.

Exemples relatifs aux mesures de longueur.

103. *Exemple.* Combien

coûteront...........	mt. 47,2 34	
à raison de...........	lv. 32,56	par mètre?
	283404	
	236170	
	94468	
	141702	
Produit......	lv. 1537,93904.	

Vous séparez dans le produit cinq décimales, au moyen de la virgule, parce qu'il y a trois décimales au multiplicateur, & deux au multiplicande.

Remarque.

104. Dans les opérations ſemblables à la précédente, où le produit a néceſſairement plus de décimales que l'un ou l'autre des deux nombres propoſés, il arrive ſouvent que les dernières décimales de ce produit expriment des parties de l'unité beaucoup plus petites que celles qui ſont d'uſage, comme on le voit par la même opération, où le produit va juſqu'aux cent-millièmes de la livre, tandis que le multiplicande eſt borné aux centimes. Alors, s'il n'y a aucune raiſon de conſerver ces dernières ſousdiviſions de l'unité, vous pouvez effacer les décimales qui les repréſentent. Ici, par exemple, vous vous arrêteriez aux centimes, en prenant pour produit 1537,93 liv.

Il y a cependant une attention à faire, lorſqu'on efface les décimales qui terminent le produit; c'eſt d'ajouter une unité à la dernière des décimales que l'on conſerve, lorſque la première de celles que l'on ſupprime eſt 5, ou un nombre plus grand que 5. Ainſi, dans notre exemple, il eſt plus exact de prendre pour produit 1537$^{\text{lv.}}$,94 que 1537$^{\text{lv.}}$,93, parce que les décimales ſupprimées, dont la première eſt 9, valent plus de $\frac{5}{10}$ ou une moitié de centime, & que de cette manière l'erreur que l'on commet eſt moins ſenſible que ſi on effaçoit les trois dernières décimales, ſans rien reſtituer à la précédente. Au contraire, dans un produit tel que le ſuivant, 1537$^{\text{lv.}}$,93404, on ne changeroit rien à la dernière des décimales conſervées, & l'on prendroit ſimplement 1537$^{\text{lv.}}$,93, parce que les décimales ſuivantes ne valent pas $\frac{5}{10}$ ou une moitié de centime.

On faiſoit la même choſe dans les grands comptes par livres, ſous & deniers, où l'on avoit une fraction de denier, que l'on effaçoit; car ſuivant que cette fraction étoit plus grande ou moindre que $\frac{1}{2}$, on augmentoit d'une unité le nombre des deniers, ou bien on le laiſſoit ſans y rien ajouter.

105. *Autre exemple.* On demande combien,

à raiſon de.......	lv. 0,35	par mètre,
coûteront..........	mt. 2,4 ?	
	140	
	70	
	lv. 0,840	

Comme l'opération faite de la manière la plus ſimple, ſe réduit à multiplier 35 par 24, ce qui donne pour produit le nombre 840, ſeulement compoſé de trois chiffres, vous pourriez être embarraſſé d'obſerver ici la règle (102) qui preſcrit de ſéparer dans ce produit trois décimales au moyen de la virgule. Mais il eſt aiſé de voir qu'il faut faire précéder la virgule par un zéro, au-deſſus duquel vous placerez l'indicateur de la livre, pour marquer qu'il n'y a point d'unités, en ſorte que le produit eſt ſimplement 84 centimes. Ce zéro ſe feroit trouvé d'avance au produit, ſi dans le cours de l'opération, vous aviez multiplié le zéro du multiplicande par chaque chiffre du multiplicateur, ce qui d'ailleurs eût alongé le calcul en pure perte.

Exemples relatifs aux Poids.

106. *Exemple.* Combien

coûteront............ $\overset{gv.}{37},346$
à raiſon de........... $\overset{lv.}{12},4$ par grave ?

149384
74692
37346

$\overset{lv.}{463},0904$,

ou plus ſimplement.. $\overset{lv.}{463},09$, ſuivant ce qui a été dit (104).

107. *Autre exemple.* Combien,

à raiſon de..... $\overset{lv.}{3656},5$ pour chaque bar,
coûteront........ $\overset{br.}{9},249$?

329085
146260
73130
329085

$\overset{lv.}{33818},9685$,

ou ſimplement $\overset{lv.}{33818},97$. Voyez (104).

108. *Autre exemple.* Combien,

à raiſon de.......	lv. 15,46 par grave,
coûteront...........	gv. 0,0056 ?
	9276
	7730
	lv. 0,086576.

ou à peu-près 9 centimes. *Voyez* (104).

Comme la multiplication de 1546 par 56, donne ſimplement au produit 86576, il a fallu pour obſerver la règle (102), placer d'abord un zéro entre le premier chiffre 8 & la virgule, puis un ſecond zéro avant la virgule (105).

Uſage de la Multiplication pour la meſure des ſurfaces.

109. Nous allons maintenant expoſer la méthode qui, d'après le nouveau ſyſtème, doit être ſubſtituée à ce qu'on appeloit juſqu'ici *le toiſé des ſurfaces*, en nous bornant à celles qui ſont d'une figure très-ſimple, comme le

carré long, que l'on appelle auſſi *rectangle (a).*

Pour toiſer un rectangle, on meſuroit ſucceſſivement avec la toiſe le grand & le petit côté de ce rectangle, & lorſque chacune des deux meſures donnoit uniquement des toiſes ſans aucun reſte, on avoit aiſément la ſurface du rectangle, en multipliant le nombre de toiſes contenues dans un des côtés, par le nombre de toiſes contenues dans l'autre côté: le produit faiſoit connoître combien il y avoit de toiſes carrées renfermées dans la ſurface du rectangle. Ainſi, en ſuppoſant l'un des côtés de 13 toiſes & l'autre de 6 toiſes, on trouvoit, en formant le produit de 13 par 6, que la ſurface étoit égale à 78 toiſes carrées.

110. Si la ſurface étoit elle-même un carré, il ſuffiſoit de meſurer un des côtés, & de multipler par lui-même le nombre de toiſes contenues dans ce côté. Par exemple, ſi le côté du carré étoit égal à 14 toiſes, on multiplioit 14 par 14, ce qui donnoit 196 toiſes carrées pour la ſurface du carré total.

(a) Le mot de *rectangle* déſigne une figure dont les côtés font entre eux des angles droits, comme celui que forment les deux branches d'une équerre.

111. Mais si la toise ne mesuroit pas exactement les côtés du rectangle, en sorte qu'il y eût un reste composé de pieds, de pouces, de lignes, &c., alors la surface étoit égale à un certain nombre de toises carrées complètes, avec un excédant composé de parties de la toise carrée. Pour évaluer cet excédant, on avoit sousdivisé la toise carrée qui portoit aussi le nom de toise-toise, en six rectangles qui avoient chacun une toise de hauteur, sur un pied de largeur, & que l'on appeloit toises-pieds. La toise-pied, à son tour, étoit divisée en douze rectangles, qui avoient chacun une toise de hauteur, sur un pouce de largeur, & que l'on appeloit toises-pouces; la toise-pouce en douze rectangles, qui avoient chacun une toise de hauteur, sur une ligne de largeur, & que l'on nommoit toises-lignes, &c.; & le calcul donnoit le nombre de toises-pieds, de toises-pouces, de toises-lignes, de toises-points, &c., qui formoient l'excédant des toises-carrées renfermées dans la surface.

112. La manière ordinaire de faire ce

calcul consistoit à multiplier par parties les nombres de toises & de sousdivisions de la toise contenues dans les côtés, ce qui exigeoit beaucoup d'attention & une grande pratique de la méthode du toisé. On auroit pu aussi réduire tout en pouces ou en lignes, &c., suivant les cas; mais en gagnant alors quelque chose du côté de la facilité, on se fût jeté dans une opération très-ennuyeuse par sa longueur.

On évaluoit encore les surfaces en pieds carrés, & en fractions du pied carré, comme $\frac{1}{2}$, $\frac{1}{4}$, $\frac{1}{8}$, &c., ce qui conduisoit à des difficultés d'un autre genre.

113. A l'aide du nouveau système, une surface est presqu'évaluée, dès qu'on en a mesuré les côtés. Nous avons déjà dit (29) que l'unité de mesure relative à ce genre d'opérations, étoit le mètre carré : or, en suivant toujours le principe de la division par 10, on conçoit aisément que dans les cas où cette unité ne se trouvera pas contenue exactement un certain nombre de fois dans le rectangle à mesurer, les parties qui composeront l'excédant seront des dixièmes, des

centièmes, des millièmes de mètre carré.

Pour rendre ces parties sensibles à l'œil, supposons que *abcd (Pl. II, fig. 2, page 90)* représente un mètre carré. Si nous divisons deux côtés opposés, tels que *ab*, *dc*, chacun en 10 parties égales qui seront des décimètres, & si par les points de division nous tirons autant de lignes droites *ng*, *op*, *rs*, *&c.*, il est clair que chaque bande ou chaque rectangle *angd*, *ongp*, *&c.*, compris entre deux lignes voisines, sera un dixième de mètre carré. Maintenant nous pouvons imaginer qu'ayant divisé de même les petits côtés *an*, *no*, *or*, *&c.*, des rectangles précédens, chacun en 10 parties égales, qui seront des centimètres, on ait tiré aussi des lignes par les points de division, & il est encore évident que chaque rectangle égal à un dixième de mètre carré, se trouvera sousdivisé à son tour en 10 autres rectangles, qui seront des centièmes de mètre carré. En continuant la même opération, on aura de nouveaux rectangles toujours dix fois plus étroits, & qui seront successivement des millièmes, des dix millièmes, &c. de mètre carré; par où l'on voit que toutes les parties qui ſousdiviſent le mètre carré, ont une hauteur égale au mètre linéaire, ſur une largeur qui eſt égale ſucceſſivement à un dixième de mètre ou un décimètre, à un centième de mètre ou un centimètre, à un millième de mètre ou un millimètre, &c., ſuivant que le rectangle auquel appartient cette largeur eſt un dixième, un centième, un millième, &c. de mètre carré.

114. *Exemple.* Cela poſé, concevons que *amtp* (*fig.* 3) repréſente un rectangle dont le côté *mo* renferme cinq mètres depuis *m* juſqu'en *o*, avec un reſte *ot* égal à un décimètre, ce qui fait $\overset{mt.}{5,1}$, & dont l'autre côté *ma* renferme trois mètres, depuis *m* juſqu'en *c*, avec un reſte *ca* égal à deux décimètres, ce qui donne $\overset{mt.}{3,2}$.

Pour trouver la ſurface, multipliez 5,1 par 3,2, & en ſéparant dans le produit autant de chiffres vers la droite, au moyen d'une virgule, qu'il y a de décimales au multiplicande & au multiplicateur, comme le preſcrit la règle (102), placez l'indicateur du mètre carré au-dessus du chiffre qui exprime les unités. Voici le tableau de cette opération.

```
  mt.
  5,1
  3,2
  ---
  102
 153
 ----
 mt.q.
 16,32.
```

C'est-à-dire, que la surface est égale à 16 mètres carrés, plus 3 dixièmes & 2 centièmes de mètre carré.

115. Pour vous faire une idée plus nette de ce résultat, jetez les yeux sur la figure, & prenez l'une après l'autre toutes les parties de la surface, distinguées à l'aide des lignes tirées par les extrémités des mètres & des décimètres qui sousdivisent les côtés. Vous compterez d'abord quinze mètres carrés complets dans l'espace *cmor*. Vous aurez ensuite dans l'espace *acrh*, dix dixièmes de mètre carré, disposés deux à deux, & dans l'espace *orst*, trois dixièmes de mètre carré, rangés

ſur une même ligne, & ainſi la ſomme de tous ces rectangles ſera dix dixièmes plus trois dixièmes de mètre carré, c'eſt-à-dire, un mètre carré complet, plus trois dixièmes. Réuniſſant cette quantité avec les quinze mètres carrés précédens, vous aurez pour la ſomme ſeize mètres carrés, plus trois dixièmes de mètre carré. Il ne reſtera plus que les deux petits carrés renfermés dans l'eſpace *rhps*. Or, le carré *ihpn*, par exemple, ayant ſon côté *ph* égal à un dixième de *hl*, il eſt aiſé de voir qu'il eſt contenu dix fois dans le rectangle *lkih*, qui eſt un dixième de mètre carré, & par conſéquent le carré *ihnp* eſt un centième de mètre carré, & l'eſpace *rhps* vaut deux centièmes de mètre carré, qui joints à la ſomme précédente, donnent pour la totalité de la ſurface 16 mètres carrés, plus 3 dixièmes & 2 centièmes de mètre carré, ou 16,32 mt.q., ainſi que nous l'avions trouvé immédiatement (114), à l'aide du calcul.

On voit que les centièmes de mètre carré dont il s'agit ici, ont une figure différente de celle que nous avons ſuppoſée ci-deſſus

(113) à ces eſpèces de ſousdiviſions, pour ramener à l'uniformité toutes les parties du mètre carré, en les conſidérant comme des rectangles qui ont une hauteur commune égale au mètre linéaire, & dont les largeurs ſont données ſucceſſivement par les diviſions du mètre linéaire. Mais au fond, cela eſt indifférent pour le calcul, puiſque le réſultat eſt abſolument le même dans les deux ſuppoſitions.

116. Vous concevrez aiſément, d'après ce qui vient d'être dit, qu'il faut bien ſe garder de confondre, par exemple, deux décimètres carrés avec deux dixièmes de mètre carré, puiſque cette dernière quantité, qui eſt repréſentée par l'eſpace *lzsp*, vaut dix fois la première, qui eſt bornée au petit eſpace *hrsp*.

Vous ne confondrez pas non plus avec l'une ou l'autre des quantités précédentes, un carré dont le côté ſeroit égal à deux décimètres. Ce carré eſt repréſenté par *cgnh* (*fig. 4.*), où l'on voit qu'il renferme quatre décimètres carrés, & ainſi de ces trois quantités; ſavoir, 1.° deux dixièmes de mètre carré; 2.° un carré dont le côté eſt égal à deux décimètres ; & 3.° deux décimètres carrés; ſi l'on ſuppoſe la première égale à 20, la ſeconde ſera égale à 4, & la troiſième à 2.

117. *Autre exemple.* On demande la ſurface d'un rectangle, dont un des côtés

	mt.
égale.	13,23
& l'autre côté.	9,56
	7938
	6615
	11907
	mt.q. 126,4788.

Si l'on ſe borne aux centièmes de mètre carré, le produit qui exprime la ſurface ſera (104) ſimplement 126,48 mt.q.

118. *Autre exemple.* Si les côtés du rectangle étoient plus petits que le mètre, on pourroit indifféremment les exprimer à l'ordinaire, en conſidérant toujours le mètre comme l'unité, ou bien en prenant pour unité la plus grande des ſousdiviſions du mètre, données par la meſure des côtés.

Fig. 2.

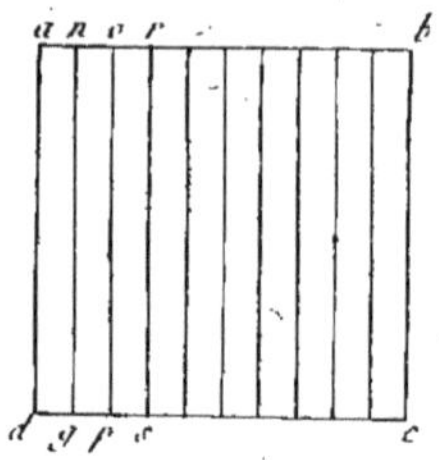

Fig. 3.

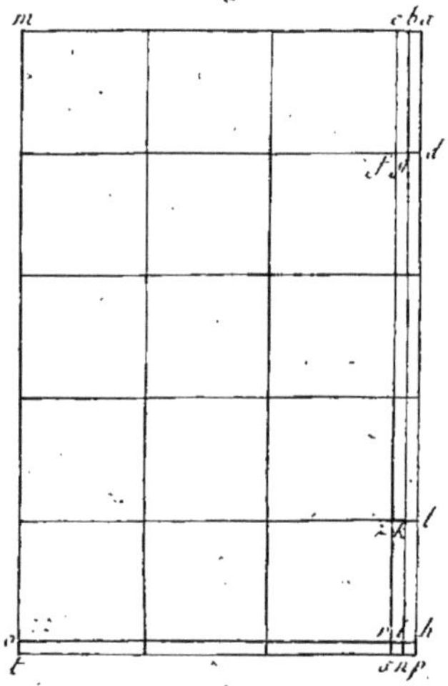

Fig. 4.

Sellier Sc.

Soit proposé de trouver la surface d'un rectangle, dont un des côtés est

de....................	mt. 0,62
& l'autre de............	mt. 0,4
	mt.q. 0,248.

Ici le produit énoncé d'après les différens chiffres qui le composent, est zéro mètre carré, 2 dixièmes, 4 centièmes, 8 millièmes de mètre carré.

Posons maintenant l'opération de la manière suivante :

L'un des côtés est de.....	d.mt. 6,2
& l'autre de..............	d.mt. 4
	d.mt.q. 24,8.

On aura donc pour la surface, 24 décimètres carrés, & 8 dixièmes de décimètre carré, ce qui est la même quantité que mt.q. 0,248, exprimée d'une manière différente.

Usage de la Multiplication pour la mesure des solidités.

119. Nous nous contenterons encore ici, comme pour la mesure des surfaces (109), d'exposer ce qu'il y a de plus simple dans les opérations relatives à l'objet que nous avons à considérer, c'est-à-dire, que nous ne parlerons que des solides terminés par six rectangles. Ces sortes de solides, dont un est représenté *(pl. III, fig. 5.)*, s'appellent en général *parallélipipèdes rectangles*, parce que leurs faces opposées sont parallèles, & que de plus chacune d'elles est à angle droit, ou, comme l'on dit, est d'équerre sur les faces voisines. Dans le cas ou les six faces sont des carrés, le solide prend le nom de *cube.*

120. Lorsqu'on avoit à mesurer, par l'ancienne méthode, un parallélipipède rectangle, on choisissoit une des faces, telle que *abcd* *(fig. 5)*, que l'on considéroit comme la base du solide. On mesuroit le grand côté *cd* ou *ab*, & le petit côté *ad* ou *bc* du rectangle

qui formoit cette baſe, puis l'un des quatre côtés *cp*, *dr*, *ag*, *bf*, qui donnoient la hauteur du ſolide. Suppoſons que le côté *cd* de la baſe fût de 6 toiſes, le côté *bc* de 3 toiſes, & la hauteur *cp* de 8 toiſes. Multipliant d'abord 6 toiſes par 3, on avoit 18 toiſes carrées pour la ſurface de la baſe. On multiplioit enſuite le nombre 18 de ces toiſes carrées par le nombre 8 des toiſes de la hauteur, & le produit 144 faiſoit connoître que le ſolide renfermoit 144 toiſes cubes.

Si le ſolide étoit auſſi un cube, il ſuffiſoit de meſurer un des côtés. On multiplioit enſuite par lui-même le nombre de toiſes contenues dans ce côté, pour avoir le nombre de toiſes carrées que renfermoit la baſe, puis on multiplioit ce dernier nombre par le premier, & le produit donnoit la ſolidité du cube évaluée en toiſes-cubes.

121. Mais lorſque la meſure des côtés du ſolide, priſe à l'aide de la toiſe, donnoit un reſte composé de pieds, de pouces, de lignes, &c., dans ce cas la ſolidité renfermoit, outre un certain nombre de toiſes cubes

complètes, un excédant que l'on évaluoit en parties de la toiſe-cube. Ces parties étoient elles-mêmes des parallélipipèdes, ayant tous pour baſe une toiſe carrée, & dont les hauteurs étoient égales ſucceſſivement à un pied, un pouce, une ligne, &c. En conſéquence, on nommoit ces parallélipipèdes toiſes-toiſes-pieds, toiſes-toiſes-pouces, toiſes-toiſes-lignes, &c., ſuivant qu'elles avoient pour hauteur le pied, ou le pouce, ou la ligne, &c.

Pour parvenir à cette évaluation du ſolide en toiſes-cubes & en partie de la toiſe-cube, il falloit d'abord chercher la ſurface de la baſe par une multiplication compoſée, ſemblable à celle dont nous avons parlé (112), & dont le produit donnoit le nombre de toiſes carrées, de toiſes-pieds, de toiſes-pouces, &c. renfermées dans cette baſe. Ce produit ſervoit enſuite de multiplicande dans une ſeconde opération où le nombre des diviſions de la hauteur étoit pris pour multiplicateur, ce qui exigeoit un nouveau travail ſouvent plus long & plus compliqué encore que le premier, pour arriver au réſultat qui donnoit la ſolidité du parallélipipède en toises-cubes, toises-toises-pieds, toises-toises-pouces, &c.

122. Dans les opérations analogues, faites à l'aide du nouveau système, après avoir trouvé la surface de la base à l'aide de la méthode indiquée plus haut (114), on parvient à évaluer la solidité par une seconde multiplication toute aussi simple & aussi facile. Cette solidité se trouve exprimée, toujours d'après le rapport décimal, en mètres cubiques complets, plus en dixièmes, centièmes, millièmes, &c. de mètre cubique.

Supposons que la figure 6 représente un mètre cubique : ayant pris sur le côté *fm* une partie *fl* égale à un décimètre, si par le point *l* nous faisons passer un plan *lngu* qui soit parallèle au carré *fhda*, on conçoit aisément que la tranche renfermée entre ces deux plans, sera un dixième de mètre cubique. Cette tranche est, comme l'on voit, un parallélipipède qui a pour base un mètre carré *fhda*, ou *lngu*, & dont la hauteur ou l'épaisseur *fl* est un dixième de mètre ou un décimètre. On pourra de même diviser cette tranche entre les points *f, l,* toujours parallèlement au carré *fhda*, de manière à en détacher une nouvelle partie dont la baſe ſera encore un mètre carré, & la hauteur un dixième de *fl*, ou un centimètre; & il eſt viſible que cette partie ſera un centième de mètre cubique. Par une troiſième ſousdiviſion faite ſemblablement, on aura une nouvelle partie dont la baſe ſera de même un mètre carré, & la hauteur un centième de *fl* ou un millimètre, c'eſt-à-dire que cette partie ſera un millieme de mètre cubique, & ainſi de ſuite.

Paſſons à la manière d'évaluer les ſolidités en mètres cubiques & en parties décimales du mètre cubique.

123. *Exemple.* Soit propoſé d'abord de trouver la ſolidité d'un parallélipipède rectangle dont la baſe ſeroit ſemblable au rectangle *amtp* (*pl. II, fig. 3, page 90*), & qui auroit un mètre en hauteur. Nous avons trouvé ci-deſſus (114), que la ſurface du rectangle *amtp* contenoit $16^{mt\cdot q},32$; & puiſque la hauteur du parallélipipède eſt égale à chacune des

diviſions

Fig. 5.

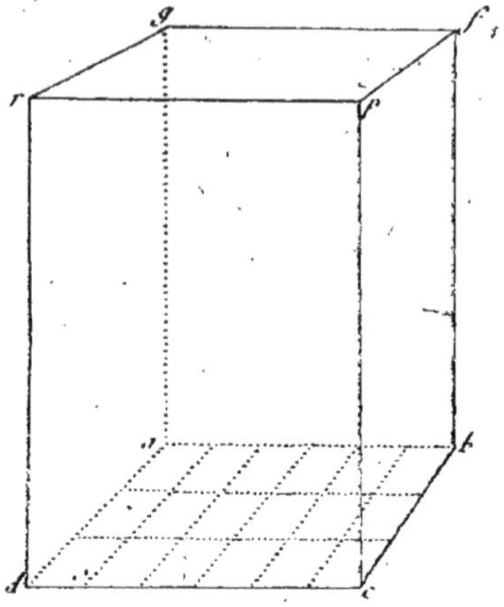

Fig. 6.

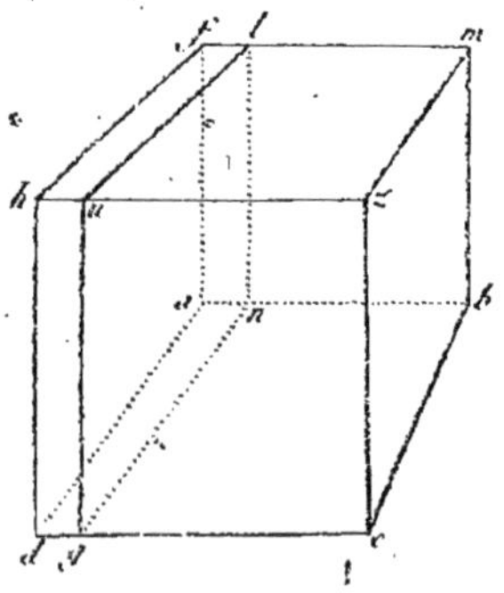

Sellier Sc.

divisions *ad, dl, &c.*, c'est-à-dire, au mètre qui est ici l'unité, il est clair que pour avoir la solidité, il faut multiplier $16^{mt.q.},32$ par 1, & substituer dans le produit l'indication du mètre cubique à celle du mètre carré, ce qui donne pour la solidité $16^{mt.c.},32$.

124. Dans le parallélipipède dont il s'agit ici, chaque mètre carré de la base répond à un mètre cubique; chaque dixième de mètre carré, à un dixième de mètre cubique, & chaque centième de mètre carré, à un centième de mètre cubique; & en résumant les unes après les autres toutes ces quantités, comme nous avons fait plus haut (115), par rapport aux sousdivisions de la base, on se fera une idée nette de la manière dont ces mêmes quantités se combinent pour donner un produit qui en présente la totalité réduite à sa plus simple expression.

125. En appliquant encore ici ce que nous avons dit (116) des portions de surface qu'il falloit éviter de confondre, d'après une certaine ressemblance entre les mots qui servoient à les désigner, on concevra

qu'il y a une grande différence, par exemple, entre deux décimètres cubiques & deux dixièmes de mètre cubique; car si l'on suppose chaque côté du mètre cubique divisé en décimètres, & que l'on prenne le décimètre pour unité, l'expression du côté sera $10^{d.mt.}$, & en multipliant d'abord 10 par lui-même, on aura $100^{d.mt.q.}$ pour la base du mètre cubique. Multipliant ensuite le nombre 100 des carrés contenus dans la base, par le nombre 10 des parties de la hauteur, on aura $1000^{d.mt.c.}$ pour la solidité du mètre cubique évaluée en décimètres cubiques; d'où il suit qu'un décimètre cubique n'est que la millième partie d'un mètre cubique, & par conséquent deux décimètres cubiques sont égaux à deux millièmes de mètre cubique, laquelle quantité n'est que la centième partie de deux dixièmes de mètre cubique.

De même il ne faut pas confondre avec deux dixièmes de mètre cubique, un cube dont le côté seroit égal à deux décimètres; car en multipliant d'abord 2 par lui-même, on trouvera 4 décimètres carrés pour la base du cube dont il s'agit. Si l'on multiplie ensuite le nombre 4 des carrés renfermés dans la base par le nombre 2 des parties de la hauteur, on aura 8 décimètres cubiques pour la solidité du même cube ; & puisqu'un décimètre cubique n'est que la millième partie d'un mètre cubique, il en résulte que huit décimètres cubiques ou huit millièmes de mètre cubique sont bien éloignés de valoir deux dixièmes de mètre cubique.

126. *Autre exemple.* On demande la solidité d'un massif de maçonnerie, dans lequel l'un des côtés de la base est

de	mt. 5,23
l'autre côté est de	mt. 4,6
	3138
	2092
ce qui donne pour la surface de la base	mt.q. 24,058
La hauteur est de	mt. 2,74
	96232
	168406
	48116
ce qui donne pour la solidité	mt.c. 65,91892

Ou plus simplement .... mt.c. 65,919, en se bornant aux millièmes de mètre cubique (104).

On voit par-là, qu'au moyen du nouveau ſyſtème, tout ſe réduit à deux multiplications ordinaires.

V. DE LA DIVISION.

127. Les avantages du ſyſtème des meſures déduites de la grandeur de la terre, relativement à la diviſion, ſont beaucoup plus étendus que ceux qui concernent les opérations précédentes. On ſait que quand le diviſeur n'étoit pas contenu exactement un certain nombre de fois dans le dividende, on avoit un reſte qui exigeoit un ſurcroît de travail plus ou moins conſidérable, lorſqu'on vouloit en tenir compte dans le réſultat de l'opération. Or nous verrons bientôt, qu'à l'aide du nouveau ſyſtème, on peut continuer la diviſion ſur ce reſte, comme ſi l'on n'opéroit que ſur des nombres entiers; mais pour aller par ordre, nous ſuppoſerons d'abord une diviſion où le dividende exprimant des unités & des parties de l'unité, le diviſeur y ſoit contenu ſans aucun reſte; & le ſyſtème dont il s'agit va déjà nous offrir, même dans ce

cas, des facilités pour parvenir au quotient cherché.

1. *Des Divisions qui peuvent se faire exactement.*

128. Vous vous proposiez de résoudre une question telle que la suivante : on a payé 1613# 9s 6d une pièce d'étoffe de 213 aunes, à combien revient le prix de chaque aune? Vous divisiez d'abord 1613# par 213. Le quotient étoit 7# avec un reste 122# : vous réduisiez ce reste en sous, ce qui faisoit 2440s, qui ajoutés aux 9s du dividende, vous donnoient 2449s à diviser par 213. Vous trouviez pour quotient 11s avec un reste 106s, qui réduit en deniers faisoit 1272d ; ajoutant ce nombre aux 6d du dividende, vous aviez 1278d qui divisés par 213, donnoient au quotient 6d sans aucun reste : ainsi le prix de l'aune étoit exactement de 7# 11s 6d.

129. Pour résoudre les questions analogues, au moyen de la nouvelle méthode, une simple opération suffit.

Règle.

Faites la division à l'ordinaire, sans avoir égard à la virgule du dividende, & ensuite séparez dans le quotient autant de chiffres vers la droite, au moyen de la virgule & de l'indicateur de l'unité, qu'il y a de décimales au dividende.

Exemple. Supposons que le prix total de la pièce d'étoffe soit de 1829,67 liv., & le nombre d'aunes toujours de 213.

1829,67	213
1256	8,59 liv.
1917	
0000	

Vous avez séparé deux chiffres dans le quotient, à l'aide de la virgule, parce que le dividende a deux décimales, & ainsi le prix de l'aune est de 8 livres, 5 décimes, 9 centimes.

Remarque.

130. Si le diviseur étoit 10, 100, 1000, ou quelqu'autre nombre composé de l'unité

avec un ou plusieurs zéros à sa suite, on pourroit tout d'un coup exécuter la division, en reculant la virgule du dividende d'autant de rangs vers la gauche, qu'il y auroit de zéros dans le diviseur; & le dividende, au moyen de ce déplacement de la virgule, deviendroit le quotient. Ainsi, pour diviser $573\overset{lv.}{2},4$ par 10, on écriroit $57\overset{lv.}{3},24$; pour le diviser par 100, on écriroit $5\overset{lv.}{7},324$; pour le diviser par 10000, on écriroit $\overset{lv.}{0},57324$, en plaçant avant la virgule un zéro avec l'indicateur de la livre. Cette opération est le contraire de celle qui nous a servi (100) à multiplier un nombre par 10, 100, 1000, &c.

131. Supposons maintenant que vous eussiez eu à résoudre cette autre question relative à l'ancien système: 13 toises 1 pied 4 pouces d'ouvrage ont coûté $128^{\#}$ 8^{f} 5^{d}. Quel est le prix de chaque toise?

Cette division eût été longue & compliquée, même en suivant la méthode la plus simple, qui consiste à prendre pour dividende le produit de $128^{\#}$ 8^{f} 5^{d} par 72, qui est le nombre de fois que la toiſe contient le pouce, & pour diviſeur le nombre de pouces renfermés dans $13^{T.}$ $1^{P.}$ 4^{p}. De cette manière le dividende devenoit 9246^{tt} $6^{ſ}$, & le diviſeur 952 ; ce qui ramène l'opération à celle que nous avons expoſée plus haut (128). A l'aide de cette méthode, ou de toute autre, vous auriez trouvé pour quotient exact 9^{tt} $14^{ſ}$ 3^{d}, ce qui vous eût donné le prix de la toiſe.

132. Voyez comment on répondroit à une queſtion du même genre, tirée du nouveau ſyſtème.

Exemple. 15,23 mt. d'ouvrage, tout ſupputé, reviennent à 131,7395 fr. On demande le prix de chaque mètre.

Règle.

Reculez d'abord, dans le dividende & dans le diviſeur, la virgule vers la droite, d'autant de rangs qu'il eſt néceſſaire pour qu'elle diſparoiſſe du diviſeur, & enſuite opérez comme il a été dit plus haut (129), pour le cas où il n'y a de virgule qu'au dividende.

Ainſi, ayant reculé la virgule de deux rangs vers la droite dans les deux nombres, vous aurez pour dividende 13173$^{\text{lv.}}$,95, & pour diviſeur 1523, qui eſt ſans virgule, & tout ſe réduira à l'opération que préſente le tableau ſuivant :

13173,95	1523
9899	8$^{\text{lv.}}$,65
7615	
0000	

Remarque.

133. En reculant la virgule de deux rangs vers la droite dans les deux nombres, vous avez rendu ces nombres cent fois plus grands (100). Mais il eſt aiſé de faire voir, par un exemple fort ſimple, que le quotient ſera toujours le même. Suppoſons que j'aie 6 à diviſer par 3, il eſt évident que le quotient eſt 2. Maintenant ſi je prends des nombres cent fois plus grands, & que je diviſe 600 par 300, j'aurai encore pour quotient le nombre 2. Il en ſera de même ſi l'on rend le

dividende & le diviſeur mille fois, dix mille fois, &c. plus grands, ou en général ſi l'on multiplie l'un & l'autre par un nombre quelconque, comme ſi on les doubloit, ou ſi on les triploit tous les deux à la fois.

134. *Autre exemple.* On a donné $\overset{\text{lv.}}{28},92$ pour $\overset{\text{gv.}}{2},41$ de marchandiſe. On demande combien vaut le grave ?

Le dividende 28,92 & le diviſeur 2,41 ayant ici autant de décimales l'un que l'autre, la virgule reculée également des deux côtés, comme le preſcrit la règle, diſparoît à la fois dans les deux nombres, & ainſi l'opération ſe réduit à cette diviſion ordinaire.

$$\begin{array}{r|l} 2892 & 241 \\ \hline 482 & \overset{\text{lv.}}{12} \\ 000 & \end{array}$$

Le quotient fait connoître que le prix du grave eſt de 12 livres.

135. *Autre exemple.* Combien aura-t-on de mètres d'une certaine toile, pour $\overset{\text{lv.}}{7316},8$, à raiſon de $\overset{\text{lv.}}{2},152$ le mètre ?

Ici le diviſeur 2,152 ayant deux décimales de plus que le dividende 7316,8, il ſemble d'abord qu'on ne puiſſe faire diſparoître la virgule du diviſeur ; car en la reculant d'un rang vers la droite, de part & d'autre, qui eſt tout ce que vous pouvez faire, vous avez pour nouveau dividende 73168 liv. & pour diviſeur 21,52 liv., où il reſte deux décimales.

Mais rappelez-vous ce qui ſe pratique dans la ſouſtraction (89), lorſque l'un des deux nombres a moins de décimales que l'autre. Dans ce cas, on lui en donne autant, en plaçant des zéros à la ſuite. Faites la même choſe ici.

Le dividende ſera. . . . . liv. 7316,800,
Le diviſeur ſera toujours . . . 2,152,

Ce qui permet d'ôter la virgule de l'un & de l'autre, comme dans le cas précédent (134); en ſorte que vous n'aurez plus qu'une diviſion ordinaire dont voici le tableau.

7316800	2152
860800	3400 mt.
0000	

On aura donc 3400 mètres, pour la ſomme propoſée.

Au moyen des petites attentions dont nous venons de parler, & qui vous deviendront familières avec un peu d'exercice, vous avez l'avantage d'amener votre opération à la plus grande ſimplicité poſſible ; & c'eſt cette même manière de poſer une diviſion que nous aurons en vue dans les exemples qui doivent ſuivre, en ſuppoſant toujours que le diviſeur au moins ſoit ſans décimales.

2. *De la manière d'approcher d'auſſi près qu'on voudra du vrai quotient, lorſque la Diviſion donne un reſte.*

Exemples où le dividende & le diviſeur ſont des nombres entiers.

136. Commençons encore ici par propoſer une queſtion relative à l'ancien ſyſtème. Vous aviez une ſomme de 391# à partager également entre 21 citoyens. Le quotient de la diviſion pouſſée juſqu'aux deniers étoit 18# 12ſ 4d avec un reſte 12, dont vous

ne pouviez plus faire usage, qu'en écrivant au-dessous le diviseur 21, en sorte que la totalité du quotient, ou la somme qui donnoit exactement la part de chaque citoyen étoit $18^{tt}\ 12^{f}\ 4^{d}\ \frac{12}{21}^{d}$, ou plus simplement $\frac{4}{7}^{d}$, par où l'on voit que la question proposée, dans laquelle le dividende & le diviseur sont des nombres simples, conduit à un résultat compliqué de quatre quantités mal liées entr'elles, & présentées sous une forme incommode.

137. *Exemple.* Servons-nous du même exemple pour y appliquer la méthode que fournit le nouveau système, & exécutons d'abord la division à l'ordinaire jusqu'au terme où l'on avoit un reste que l'on étoit obligé de réduire en sous, pour diviser par 21 le nombre de sous renfermés dans ce reste.

391	21
181	18 liv.
13	

Nous avons donc pour quotient 18 liv. avec le reste 13. Pour continuer la division sur ce reste, je place d'abord une virgule à la droite des unités de livres, puis un zéro après le reſte 13, comme dans le tableau ſuivant.

391	21
181	liv. 18,61
130	
40	
19	

Je diviſe enſuite 130 par 21, ce qui me donne 6, que j'écris au quotient après la virgule. Ayant multiplié 6 par le diviſeur 21, à l'ordinaire, & ſouſtrait le produit de 130, j'ai pour reſte 4, après lequel je place pareillement un zéro. Je diviſe 40 par 21, ce qui me donne 1 avec le reſte 19. Je puis pourſuivre ainſi l'opération auſſi loin que je voudrai, en ajoutant un zéro après chaque reſte, pour avoir un dividende dans lequel 21 ſoit contenu, & en écrivant au quotient le nouveau chiffre qui marquera combien de fois il y eſt contenu. Mais en me bornant au quotient que je viens d'obtenir, je vois que j'ai déjà la préciſion des centimes, en ſorte que tous les nouveaux chiffres que je pourrois me procurer au quotient, en aſſant plus loin, ne vaudroient pas un centime. Je remarque de plus que les parties fractionnaires ſont liées avec les unités, comme dans tous les autres nombres qui expriment des réſultats d'opérations ſur les nouvelles meſures, ce qui eſt beaucoup plus ſimple & plus commode que l'expreſſion donnée en livres, ſous & deniers, par les opérations relatives à l'ancienne méthode.

Continuons maintenant la diviſion de manière à avoir cinq décimales au quotient. Voici le tableau de l'opération, où il ſera facile de reconnoître la marche que nous avons indiquée.

391	21
181	liv. 18,61904
130	
40	
190	
100	
16	

On voit qu'après avoir d'abord ajouté un zéro à la ſuite de l'avant dernier reſte, qui étoit 1, pour avoir le dividende 10, il a fallu mettre zéro au quotient, parce que 21 n'eſt pas contenu dans 10, & placer tout de ſuite un ſecond zéro à la ſuite du premier, ce qui a donné pour nouveau dividende le nombre 100, dans lequel 21 eſt contenu quatre fois, avec un reſte 16.

138. Dans l'ancienne méthode, lorſque les fractions qui provenoient du reſte de la diviſion, avoient des valeurs que l'eſprit ne ſaiſiſſoit pas aiſément, comme $\frac{13}{49}$, $\frac{41}{77}$, $\frac{1129}{1967}$, &c., on tâchoit de les ramener à quelque fraction ſimple, dont elles approchoient de très-près. Par exemple, la fraction $\frac{1129}{1967}$ ne diffère que très-peu de la fraction $\frac{4}{7}$, en ſorte qu'on peut lui ſubſtituer cette dernière, en négligeant la différence. Dans le nouveau ſyſtème, on néglige auſſi la petite quantité qui proviendroit de l'emploi du dernier reſte auquel on s'arrête. Mais on a cet avantage, que ſans s'écarter de la pratique facile de la diviſion ordinaire, on peut approcher encore beaucoup plus près du vrai quotient, & même d'auſſi près qu'on voudra, & cela par une ſuite de décimales qui ont toutes un rapport ſimple les unes avec les autres. Par exemple, pour avoir le

le vraî quotient, à moins d'un dixmillionième près de l'unité principale, on poufferoit la divifion jufqu'à la feptième décimale, qui exprime des dixmillionièmes.

En réfumant tout ce qui vient d'être dit, on peut en déduire cette règle générale, pour tous les cas où le dividende & le divifeur font des nombres entiers.

Règle.

139. Après avoir employé tous les chiffres du dividende, placez une virgule à la fuite du quotient, puis un zéro à la fuite du dernier refte, & continuez la divifion en ajoutant de même un zéro à la fuite de tous les autres reftes.

Exemples où le Dividende a des décimales.

Règle.

140. Après avoir employé à l'ordinaire tous les chiffres du dividende, féparez d'abord autant de chiffres à droite dans le quotient, à l'aide de la virgule & de l'indicateur de l'unité, qu'il y a de décimales au dividende.

Placez un zéro à la suite du dernier reste, & continuez comme il a été dit (137 & 139).

141. *Exemple.* Soit proposé de diviser $\overset{\text{mt.}}{67},95$ par 32, avec 5 décimales au quotient.

67,95	32
39	$\overset{\text{mt.}}{2},12343$
75	
110	
140	
120	
24	

Lorsque vous avez eu employé tous les chiffres du dividende, le quotient étoit 212. Vous avez d'abord séparé, à l'aide de la virgule & de l'indicateur du mètre, les deux derniers chiffres de ce quotient, qui est devenu $\overset{\text{mt.}}{2},12$. Vous avez placé un zéro à la suite du reste 11, ce qui vous a donné 110 à diviser par 32, après quoi vous avez continué l'opération, en ajoutant de même un zero à la suite de chaque reste.

142. *Autre exemple.* $\overset{\text{mt.}}{11},45$ d'étoffe ont coûté $\overset{\text{lv.}}{342},998$. On demande à combien

revient chaque mètre, en poussant la division jusqu'aux dixièmes de centime.

Vous reculez d'abord la virgule de deux rangs vers la droite, dans les deux nombres proposés, pour n'avoir plus de décimales au diviseur (132). Ce qui vous donne 34299,8 lv. à diviser par 1145.

34299,8	1145
11399	29,956 lv.
10948	
6430	
7050	
180	

Le quotient fait connoître que le prix du mêtre est de 29 livres, 95 centimes $\frac{6}{10}$.

143. Pour avoir un rapprochement tiré de l'ancien système, il faudroit prendre une question semblable à la suivante ; 12 toises 5 pieds 8 pouces d'un certain ouvrage ont coûté 527## 9s 10d : on demande le prix de chaque toise. En faisant l'opération, on trouveroit pour le prix cherché 40## 15s & $\frac{24}{233}$d, qui valent à peu-près $\frac{1}{9}$ de denier. Mais la seule

vue des deux nombres proposés suffit pour faire juger combien la comparaison est à l'avantage du nouveau système.

Exemples où le diviseur est plus grand que le dividende.

144. Dans ces sortes de divisions, le quotient est nécessairement toujours moindre que l'unité, ou, ce qui revient au même, il exprime une fraction de l'unité. Telle seroit une division qui consisteroit, d'après l'ancien système, à partager 7ᵗᵗ en 25 petites sommes égales. On trouveroit, en faisant les réductions ordinaires, que chaque partie est 5^f 7^d $\frac{1}{5}$.

145. Il est aisé de résoudre, par la nouvelle méthode, les questions du même genre, en pratiquant ce que nous avons indiqué plus haut (137), par rapport au reste que laissoit la division, lorsqu'on avoit employé tous les chiffres du dividende.

Exemple. Servons-nous encore de l'exemple précédent pour diviser $\overset{lv.}{7}$ entre 25 citoyens, en considérant la livre comme composée de décimes & de centimes.

$$\begin{array}{r|l} 70 & 25 \\ \hline 200 & \overset{\text{liv.}}{0{,}28} \\ 000 & \end{array}$$

Après avoir écrit 7 comme dividende & 25 comme diviseur, je dis, en 7 combien de fois 25 ? il n'y est pas. Je pose zéro au quotient, avec l'indicateur de la livre, & une virgule à la suite, pour marquer qu'il n'y a pas d'unités de livre. Je place ensuite un nouveau zéro après le dividende 7, & je divise 70 par 25, ce qui me donne 2, que j'écris au quotient, à la droite de la virgule, avec le reste 20, à côté duquel je place pareillement un zéro. Je divise 200 par 25, ce qui me donne une seconde décimale 8 ; & comme il n'y a point de reste, j'en conclus que la part de chaque citoyen est exactement de 28 centimes.

S'il y avoit un nouveau reste, on le feroit suivre d'un zéro, & l'on continueroit l'opération, toujours en suivant la même marche.

146. *Autre exemple.* On propoſe de diviſer cinq mètres en douze parties égales.

$$\begin{array}{r|l} 50 & 12 \\ \hline 20 & \overset{mt.}{0,4166} \\ 80 & \\ 80 & \end{array}$$

En opérant comme pour l'exemple précédent, on trouve qu'après la troiſième décimale, le même reſte revient continuellement, & par conſéquent le même chiffre reparoîtra auſſi toujours au quotient; en ſorte que ſans pourſuivre la diviſion, on peut ſe contenter d'écrire le chiffre 6 à côté de lui-même, autant de fois qu'on le voudra, pour approcher toujours de plus en plus du véritable quotient, ce qui eſt très-commode.

147. *Autre exemple.* 32 gravets d'une certaine marchandiſe ont été payés $\overset{lv.}{18},5$ en totalité. On demande à combien revient chaque gravet, en pouſſant la diviſion juſqu'aux dixièmes de centime.

$$\begin{array}{r|l} 18,5 & 32 \\ \hline 250 & \overset{lv.}{0},578 \\ 260 & \\ 4 & \end{array}$$

Quoiqu'il y ait ici plus de chiffres au dividende qu'au diviſeur, cependant le premier nombre eſt réellement plus petit que l'autre, puiſqu'il n'exprime que 18 unités $\frac{5}{10}$, au lieu que le diviſeur vaut 32 unités. En diviſant 185 par 32, ſans faire attention à la virgule, comme il a été dit (140), vous trouveriez d'abord 5 au quotient, avec un reſte 25, & pour ſéparer dans ce quotient une décimale au moyen de la virgule, parce que le dividende a lui-même une décimale, vous placeriez la virgule avant le 5, & vous la feriez précéder d'un zéro avec l'indicateur de la livre, puis vous continueriez la diviſion, en plaçant un zéro à la ſuite du reſte 25, & en diviſant 250 par 32.

148. Mais dans ces ſortes de cas, où vous ſavez d'avance qu'il n'y aura point d'unités au quotient, & où le dividende a des décimales, on a une manière plus ſimple & plus directe de faire la diviſion, en ſe conduiſant toujours comme dans les deux premiers exemples (146 & 147).

Ainſi je prends d'abord pour dividende ſeulement le nombre 18 qui précède la virgule,

& trouvant que 32 n'est pas contenu dans 18, je marque zéro au quotient, avec l'indicateur de la livre, & une virgule à côté. Je prends ensuite un chiffre de plus au dividende, & je divise 185 par 32, ce qui me donne 5 que j'écris au quotient après la virgule, puis je continue comme il a été dit plus haut (140).

149. *Autre exemple.* On voudroit savoir à quoi est égale la 16.e partie de $\overset{mt.}{0,07}$, à moins d'un dix-millième de mètre près, c'est-à-dire, qu'il faut prendre quatre décimales au quotient.

$$\begin{array}{r|l} \overset{mt.}{0,070} & 16 \\ \hline 60 & \overset{mt.}{0,0043} \\ 12 & \end{array}$$

Pour suivre toujours la même méthode, je dis d'abord en zéro combien de fois 16? & comme il y est zéro de fois, j'écris au quotient zéro avec l'indicateur du mètre & une virgule à côté. Je prends ensuite un chiffre de plus au dividende, & comme ce chiffre est encore un zéro, j'écris au quotient zéro pour première décimale. Prenant au dividende un nouveau chiffre qui eſt 7, & trouvant que le diviſeur 16 n'eſt pas contenu dans 7, j'ai de même zéro pour ſeconde décimale. Je mets alors un zéro au dividende après le 7, & je diviſe 70 par 16, qui s'y trouve contenu 4 fois, ce qui me donne 4 pour 3.ᵉ décimale, puis je continue à l'ordinaire. Le quotient me fait connoître que la 16.ᵉ partie de 7 centimètres eſt 4 millimètres $\frac{3}{10}$, avec un reſte moindre qu'un dixième de millimètre, ou qu'un dix-millième de mètre.

VI. DIVERSES QUESTIONS SUR LES MESURES RÉPUBLICAINES.

PREMIÈRE QUESTION.

150. Un citoyen a acheté 325 cadils d'une certaine eſpèce de vin, pour le prix total de 677,75 liv. Il a d'une autre part 150 cadils d'une autre eſpèce de vin, qui lui ont coûté 695 livres. Ayant mêlé enſemble les deux quantités de vin, il déſire ſavoir combien il doit vendre le cadil de ce vin mélangé, pour retirer ſes frais.

Ajoutez d'abord les nombres de cadils, l'un à l'autre.

$$\begin{array}{r} 325^{\text{cl.}} \\ 150 \\ \hline \text{Total} \ldots\ldots\ 475^{\text{cl.}} \end{array}$$

Ajoutez de même les deux prix.

$$\begin{array}{r} \overset{\text{lv.}}{677},75 \\ 695 \\ \hline \text{Total} \ldots\ldots\ \overset{\text{lv.}}{1372},75. \end{array}$$

Divisez le prix total des deux quantités de vin, par le nombre total des cadils.

$$\begin{array}{r|l} 1372,75 & 475 \\ \hline 4227 & \overset{\text{lv.}}{2},89 \\ 4275 & \\ 000 & \end{array}$$

Le quotient fait voir qu'il n'y a rien à perdre, en vendant $\overset{\text{lv.}}{2},89$ le cadil de vin mélangé.

SECONDE QUESTION.

151. On veut tapisser une chambre avec une espèce d'étoffe dont le lé a $\overset{\text{mt.}}{0},6$ de largeur. La hauteur de la tapisserie doit être

de $\overset{mt.}{2,5}$, & la ſomme de toutes les largeurs des endroits où elle doit être appliquée eſt de $\overset{mt.}{9,25}$. On demande combien il faudra de mètres d'étoffe ?

Cherchez d'abord combien il y a de lés contenus dans la largeur totale, en diviſant 9,25 par 0,6 ; & en prenant deux décimales au quotient.

```
9,25 { 6
 32  { 15,41
  25
   10
    4
```

Multipliez enſuite par le quotient trouvé, la hauteur commune $\overset{mt.}{2,5}$.

```
 15,41
   mt.
   2,5
 -----
  7705
 3082
 -----
   mt.
38,525.
```

Le produit indique la longueur de l'étoffe, ſauf à prendre quelque choſe de plus, pour éviter les fauſſes coupes.

TROISIÈME QUESTION.

152. On a peſé un dixième de cadil ou un décicadil d'abord vide, & enſuite après l'avoir rempli d'huile d'olive. La différence des peſées a donné pour le poids de l'huile, $\overset{gv.}{0,0915}$. On demande combien il y auroit de graves de la même huile contenus dans un décicade?

Le dixième du cadil eſt la millième partie du décicade (41), & ainſi pour avoir le poids cherché, il ne s'agit que de multiplier $\overset{gv.}{0,0915}$ par 1000, ce qui ſe fait tout d'un coup (100), en reculant la virgule de trois rangs vers la droite. Le poids de l'huile contenue dans le centicade ſera donc de $\overset{gv.}{91,5}$.

QUATRIÈME QUESTION.

153. Une certaine quantité de marchandiſe du poids d'un centibar a coûté 55 liv. On demande combien coûtera le décigrave de la même denrée.

Le centibar vaut 100 décigraves (51), d'où il ſuit que pour avoir le prix cherché, il faut diviſer 55 liv. par 100, ce que l'on fera (130) en reculant de deux rangs vers la gauche, la virgule que l'on peut ſuppoſer après les unités, & ainſi le prix du décigrave ſera $\overset{\text{lv.}}{0,55}$.

CINQUIÈME QUESTION.

154. Un citoyen ayant cédé à un autre 12 mètres de toile de $\overset{\text{mt.}}{0,9}$ de largeur, à condition que celui-ci les lui rendroit en nature dans une autre occaſion, conſent à recevoir en échange de la toile demême qualité qui n'a que $\overset{\text{mt.}}{0,75}$ de largeur. Combien l'emprunteur doit-il rendre de mètres de cette dernière toile, pour que la longueur compenſe la largeur?

Multipliez 12 mètres par 0,9 pour avoir la ſurface de la toile prêtée, évaluée en mètres carrés.

$$\begin{array}{lr} & \overset{\text{mt.}}{12} \\ & 0,9 \\ \hline \text{Produit.....} & \overset{\text{mt.q.}}{10,8}. \end{array}$$

Maintenant la ſurface de la toile à rendre en échange peut être conſidérée comme un rectangle qui contiendroit auſſi $\overset{\text{mt.q.}}{10,8}$, & dont un des côtés ſeroit égal à la largeur $\overset{\text{mt.}}{0,75}$ de la toile dont il s'agit. Donc en divisant $\overset{\text{mt.q.}}{10{,}8}$ par 0,75, on aura l'autre côté qui donnera la longueur de cette même toile.

$$\begin{array}{r|l} 1080 & 75 \\ \hline 330 & \overset{\text{mt.}}{14{,}4} \\ 300 & \\ 000 & \end{array}$$

C'est-à-dire qu'il faudra rendre en échange 14 mètres 4 dixièmes de toile.

SIXIÈME QUESTION.

155. On veut faire construire une cloison à claire-voie, ou sans rainure, en bois de sapin. Cette cloison doit avoir $\overset{\text{mt.}}{3{,}9}$ de hauteur sur $\overset{\text{mt.}}{5{,}2}$ de largeur. Le prix du mètre carré façonné est de $\overset{\text{lv.}}{5{,}5}$. On demande 1.° combien on emploîra de planches de $\overset{\text{mt.}}{3{,}9}$ de hauteur chacune, sur $\overset{\text{mt.}}{0{,}27}$ de largeur? 2.° Combien coûtera la cloison?

Pour résoudre la première question, observez que la hauteur de la cloison étant égale à celle de chaque planche, il n'y aura aucun déchet à cet égard. Cela étant, divisez la largeur totale $\overset{\text{mt.}}{5,2}$ par le nombre 0,27 qui exprime la largeur de chaque planche, en vous bornant à deux décimales.

```
520 { 27
250 { 19,25
 70
 160
  25
```

Le quotient indique qu'il faudra employer 19 planches, avec une alaiſe, c'eſt-à-dire, une portion de planche refendue en longueur, qui aura un peu plus de 25 centièmes ou d'un quart de la largeur commune.

SEPTIÈME QUESTION.

156. On ſait que la ſolidité d'un mur eſt de $\overset{\text{mt.c.}}{542,25}$. Ayant meſuré la longueur & l'épaiſſeur, on a trouvé la première de $\overset{\text{mt.}}{96,4}$, & la ſeconde de $\overset{\text{mt.}}{0,9}$. On voudroit connoître la hauteur, ſans être obligé de la meſurer.

Le mur ayant la forme d'un parallélipipède rectangle, ſi l'on prend pour baſe la ſurface inférieure de la première aſſiſe, la hauteur du parallélipipède ne ſera point diſtinguée de celle du mur.

Or en multipliant	$\overset{mt}{96},4$
par	0,9
on trouve pour la surface de la base	$\overset{mt.q.}{86},76.$

Maintenant si l'on divise la solidité par le nombre qui exprime la surface de la base, on aura la hauteur cherchée.

54225	8676
21690	$\overset{mt}{6},25$
43380	
0000	

C'est-à-dire, que le mur a 6 mètres & 25 centimètres de hauteur.

VII. DES FORMES ET DES DIMENSIONS DES MESURES RÉPUBLICAINES.

157. Les mesures linéaires ont une dimension essentielle, qui est donnée immédiatement par le système, savoir leur longueur. Les autres dimensions, comme la largeur & l'épaisseur, peuvent être abandonées au goût de l'artiste. Seulement il convient de donner au mètre employé pour la mesure des étoffes, une

une forme carrée, semblable à celle de l'ancienne aune, ainsi que nous l'avons déjà remarqué (24).

158. Quant aux poids, nous avons indiqué pareillement (54) la forme de ceux que la Commission a fait exécuter depuis le décigrave jusqu'au gravet inclusivement. Cette forme est celle d'un cylindre court, dont la surface latérale a été arrondie en forme de bourrelet, & qui est percé dans son milieu, d'un trou circulaire, dans lequel entre la brochette destinée à enfiler toutes les sous-divisions du grave, pour en rendre l'assortiment plus portatif. Les diamètres des ouvertures varient aussi suivant les poids, en sorte que la brochette est composée successivement de trois cylindres de différentes épaisseurs qui correspondent, l'un à l'ensemble des décigraves, le second à celui des centigraves, le dernier à celui des gravets. L'extrémité supérieure de la brochette est garnie d'un pas de vis, pour recevoir une virole qui sert à maintenir tous les poids par la pression, & à les empêcher de jouer. Voici à peu-près

les dimenſions qui ont lieu dans un aſſortiment de poids que le citoyen Fourché, balancier-eſſayeur de la monnoie, a préſenté à la Commiſſion.

	Diamètre total.	Diamètre de l'ouverture du milieu.
1.° Pour le décigrave,	mt. 0,06.	mt. 0,01.
2.° Pour le centigrave,	mt. 0,027.	mt. 0,007.
3.° Pour le gravet, . . .	mt. 0,012.	mt. 0,004.

La hauteur dépend enſuite de la peſanteur ſpécifique du métal employé à la fabrication des poids.

159. Mais il eſt un genre de meſures dont la forme & les dimenſions ont fixé plus particulièrement l'attention de la Commiſſion. Ce ſont les meſures de capacité, tant pour les grains que pour les liquides. La Commiſſion a ſenti combien il ſeroit intéreſſant d'imprimer à ces meſures tous les caractères d'uniformité dont elles ſont ſuſceptibles, en déterminant d'une manière invariable leur forme, leurs dimenſions reſpectives & les ſoudiviſions intermédiaires que l'on pourroit ajouter, pour la facilité du commerce, à celles

qui sont dans l'ordre décimal du système. Elle a jugé aussi devoir ramener à une grande simplicité l'ensemble de la forme & le rapport de ses dimensions.

En conséquence, après s'être concertée avec les artistes qui ont bien voulu l'aider de leurs observations, elle a réglé, 1.° que la contenance des mesures intermédiaires au-dessous du centicade ne pourroit être que la moitié ou le cinquième de celle d'une des mesures primitives données directement par le système; 2.° que toutes les mesures auroient la forme d'un cylindre creux; 3.° que dans les mesures à grains, le diamètre de la base seroit égal à la hauteur; 4.° que les mesures de liquides auroient une hauteur double du diamètre de la base, sauf la petite différence produite par l'addition d'un bec, pour la facilité du transvasement. Déjà les artistes potiers d'étain d'une part, & les artistes boisseliers de l'autre, ont mis sous les yeux de la Commission des modèles très-bien exécutés conformément à ces déterminations. Il en résultera cet avantage, que chacun pourra s'assurer, même à l'aide d'un simple bâton, que la capacité n'a point été altérée, parce que la longueur du diamètre qui n'est pas susceptible de diminution, servira de garantie à la hauteur, & ainsi la mesure offrira par elle-même un moyen prompt & facile de vérification.

Le calcul fait d'après les données que nous venons d'exposer, conduit aux dimensions suivantes, que nous exprimerons d'une part en mètres & en parties décimales du mètre, & de l'autre en lignes & en parties décimales de la ligne.

1.° *Mesures de grains.*

Hauteur & diamètre de la base.

1.° Pour le quadruple centicade...	mt. 0,37066. l. 164,372.
2.° Pour le double centicade....	mt. 0,2942. l. 130,46.
3.° Pour le centicade..........	mt. 0,2335. l. 103,5477.
4.° Pour le demi-centicade......	mt. 0,18533. l. 82,186.
5.° Pour le cinquième du centicade.	mt. 0,13655. l. 60,555.

6.° Pour le cadil...............	mt. 0,10838. l. 48,062.
7.° Pour le demi-cadil..........	mt. 0,086025. l. 38,147.
8.° Pour le cinquième du cadil...	mt. 0,063384. l. 28,107.
9.° Pour le décicadil...........	mt. 0,050307. l. 22,308.
10.° Pour le demi-décicadil, ou le vingtième du cadil.............	mt. 0,039929. l. 17,706.

2.° *Mesures de liquides.*

	Diamètre de la base.	Hauteur.
1.° Pour le cadil....	mt. 0,086025.. l. 38,147....	mt. 0,172050. l. 76,294.
2.° Pour le demi-cadil.	mt. 0,068278.. l. 30,277....	mt. 0,136556. l. 60,554.
3.° Pour le cinquième du cadil..........	mt. 0,050307.. l. 22,308....	mt. 0,100614. l. 44,616.
4.° Pour le décicadil..	mt. 0,039929.. l. 17,706....	mt. 0,079858. l. 35,412.
5.° Pour le demi-décicadil, ou le vingtième du cadil..........	mt. 0,031692.. l. 14,053....	mt. 0,063384. l. 28,106.

VIII. DISPOSITION ET USAGE DES TABLES DE RÉDUCTION DES ANCIENNES MESURES AUX NOUVELLES.

160. Dans le paſſage des anciennes meſures aux nouvelles, il y aura de continuelles réductions à faire des unes aux autres, pour que la proportion ſe ſoutienne entre le prix & la quantité des objets de commerce. Ainſi il faudra que le marchand qui débite des étoffes puiſſe connoître combien de mètres équivalent à un nombre d'aunes déterminé; combien, à raiſon de tel prix pour une aune ou pour un certain nombre d'aunes de telle étoffe, il doit vendre chaque mètre, ou un nombre égal de mètres de la même étoffe, &c. Celui qui vendoit au poids aura beſoin de connoître de même le rapport entre une livre ou un nombre donné de livres poids de marc, & le grave, ou un égal nombre de graves, ainſi qu'entre les prix des quantités de marchandiſe qui correſpondent à l'un & à l'autre. L'artiſte qui meſuroit ſes ouvrages au pied ou à la toiſe, l'arpenteur qui calculoit les grandeurs des terrains, ſeront pareillement intéreſſés

le premier à savoir ce qui répond, dans le nouveau système, à telle longueur, telle surface, telle solidité évaluée d'après l'ancien toisé; le second, à trouver combien de mètres carrés équivalent à tant de perches carrées, & par une suite nécessaire, combien d'ares, de déciares, de centiares équivalent à tel nombre donné d'arpens, &c.

Les tables suivantes sont destinées à faciliter les réductions dont il s'agit, en n'exigeant qu'une simple addition, pour en obtenir le résultat, ou même en les offrant immédiatement, lorsque les nombres que l'on compare sont peu considérables.

161. Ces tables sont au nombre de douze, dont voici l'énumération, avec les numéros de renvoi aux articles de cette instruction, dans lesquels nous avons exposé les résultats qui leur servent de base. La première se rapporte aux mesures linéaires (8 & suiv.); la seconde, à la division de la circonférence du cercle (19); la troisième, à la division du jour (21); la quatrième, à la mesure des surfaces en général (29); la cinquième, aux mesures

agraires (31 & ſuiv.) ; la ſixième, aux meſures des ſolides en général (35) ; la ſeptième, aux meſures de capacité (36 & ſuiv.) ; la huitième, aux poids (45 & ſuiv.) ; la neuvième, aux monnoies (58) ; la dixième donne la réduction du prix de l'aune de telle étoffe, au prix du mètre de la même étoffe ; la onzième donne la réduction du prix de la livre, poids de marc, de telle marchandiſe, au prix du grave de la même marchandiſe ; la douzième concerne la converſion des fractions ordinaires en fractions décimales.

162. Les nombres qui proviennent des deux ſyſtèmes, ſe correſpondent ſur deux colonnes collatérales ; l'une à gauche pour les anciennes meſures, l'autre à droite pour les nouvelles.

En ſuivant la colonne à gauche de haut en bas, on trouve d'abord les dernières fractions de l'unité de chaque eſpèce de meſure ancienne, comme les lignes, lorſqu'il s'agit de meſures de longueur ; les grains, lorſqu'il s'agit de poids, &c. ; puis les fractions d'un ordre immédiatement ſupérieur, comme les pouces ou les gros dans les mêmes cas, & ainsi de suite jusqu'aux unités.

Les fractions de chaque ordre se suivent ordinairement sans interruption, c'est-à-dire, par exemple, que les lignes forment une série continue depuis 1 jusqu'à 11, le terme suivant étant le pouce; les pouces pareillement depuis 1 jusqu'à 11, le terme suivant étant le pied, &c.

Quant aux unités simples, on les a aussi disposées d'une manière continue, depuis 1 jusqu'à 10, après quoi elles se suivent par dixaines dans cet ordre, 10, 20, 30, 40, &c.; puis par centaines, ensuite par mille, &c. *(a)*. Nous donnerons dans un instant la manière d'obtenir, à l'aide de cet arrangement, les réductions demandées.

Les nombres qui répondent aux précédens sur la colonne relative aux nouvelles mesures, sont tous distingués en deux parties, au moyen

---

(a) Dans les tables relatives à la division du cercle & du jour, les unités se suivent sans interruption, d'une part, depuis un degré jusqu'à 90, & de l'autre, depuis une heure jusqu'à 24.

d'une virgule qui ſépare les unités des décimales. Le nom de l'unité principale ſe trouve en tête de la colonne, & doit être toujours ſousentendu au-deſſus du chiffre qui précède immédiatement la virgule. Par exemple, le nombre 1753,5553, qui, dans la première table, termine la ſeconde colonne, doit être lu comme s'il y avoit 1753$^{\text{mt.}}$,5553.

163. Dans la neuvième table qui donne la réduction du prix des monnoies, on a ſuivi une diſpoſition particulière. Cette table eſt diſtribuée comme les tables de multiplication connues en arithmétique. Les ſous ſont rangés depuis 1 juſqu'à 19, ſur une même bande verticale qui occupe le bord de cette table à gauche. Les deniers ſont pareillement rangés ſur une même bande horizontale qui occupe le haut de la table. Il en réſulte que le nombre de décimes & de centimes qui répond à un nombre donné de ſous & de deniers, ſe trouve ſitué à la fois vis-à-vis du nombre des ſous & de celui des deniers, ainſi qu'on le verra encore plus clairement d'après l'exemple que nous citerons dans un inſtant.

164. Quant à la livre de compte, elle n'a besoin d'aucune réduction, parce que sa valeur est la même jusqu'ici dans l'un & l'autre système.

EXEMPLES.

Table I.

165. On propose de réduire 546 toises 4 pieds 9 pouces en mètres & en parties décimales du mètre.

Cherchez successivement dans les colonnes relatives aux anciennes mesures les nombres indiqués par les différentes valeurs des chiffres pris de gauche à droite, c'est-à-dire, les nombres 500$^{T.}$, 40$^{T.}$, 6$^{T.}$, &c. Prenez les nombres correspondans sur les colonnes qui appartiennent au nouveau système ; écrivez ces nombres l'un au-dessous de l'autre, comme il a été dit (87), & faites-en l'addition.

Voici le tableau de l'opération :

	mt.
500$^{T.}$ répondent à	974,1974
40	77,9358
6	11,6904
4$^{P.}$	1,2989
9$^{P.}$ . . .	0,2435
Résultat de la réduction	1065,3660.

Table II.

166. Quel est le nombre de degrés, de minutes & de secondes de la nouvelle division du cercle, qui équivaut à $75^d\ 14'\ 9''$ de l'ancienne?

75^d de l'ancien cercle répondent

à....................	$83^d,333333$	du nouveau.
14'........	0,259259	
9''.....	0,002778	
Résultat de la réduction	$83^d,595370$.	

Table III.

167. Quelle heure donne la nouvelle division du jour, lorsqu'il est $9^h\ 45'\ 20''$ du matin, suivant l'ancienne?

9^h du nouveau jour répondent

à....................	$3^h,750000$	de l'ancien.
45'.............	0,312500	
20''.......	0,002315	
Résultat de la réduction	$4^h,064815$.	
C'est-à-dire, à peu-près..	$4^h\ 6'\ 48''\ \frac{1}{6}$.	

Table IV.

168. Une surface évaluée d'après les anciennes mesures, a donné 214^TT. 5^TP. 4^Tp. 6^Tl. On demande combien elle contient de mètres carrés & de parties décimales du mètre carré?

	mt.q.
200^TT. répondent à	759,2485
10	37,9624
4	15,1850
5^TP	3,1635
4^Tp.	0,2109
6^Tl. ..	0,0264
Résultat de la réduction.	815,7967.

Table V.

169. Combien un terrain égal à 250 arpens, de 100 perches carrées chacun, la perche étant de 22 pieds, renferme-t-il d'ares & de parties décimales de l'are?

	mt.q.
200 arpens répondent à	1020767,3887
50	255191,8472
Total en mètres carrés..	1275959,2359.

Or l'are vaut dix mille mètres carrés

(31), donc le terrain proposé renferme $127,596^{ar.}$, en se bornant à trois décimales. (Voyez 104).

Table VI.

170. Un massif de maçonnerie étoit évalué dans l'ancien système, $32^{TTT.}$ $4^{TTP.}$ $5^{TTp.}$; on propose d'en trouver la solidité, en prenant le mètre cubique pour unité de mesure.

	mt.c.
$30^{TTT.}$ répondent à	221,8974
2	14,7932
$4^{TTP.}$	4,9311
$5^{TTp.}$	0,5137
Résultat de la réduction....	242,1354.

Table VII.

171. On demande combien 325 pintes, mesure de Paris, valent de cadils ?

	cl.
300 pintes répondent à ..	285,3618
20	19,0241
5	4,7560
Résultat de la réduction...	309,1419.

Table VIII.

172. On propose de trouver le nombre de graves & de parties décimales du grave, qui répond à 1856 livres poids de marc.

	gv.
1000 livres répondent à...	489,1460
800..................	391,3168
50..................	24,4573
6..................	2,9349
Résultat de la réduction....	907,8550.

On a fait une petite pesée qui a donné 5 onces 4 gros 54 grains $\frac{3}{4}$. On demande l'équivalent en parties décimales du grave.

	gv.
5 onces répondent à......	0,1528581
4 gros...............	0,0152858
50 grains.......	0,0026538
4..........	0,0002123
$\frac{3}{4}$......	0,0000398 (a)
Résultat de la réduction...	0,1710498.

(a) Pour avoir ce nombre, qui ne se trouve pas immédiatement dans la table, il faut ajouter $\frac{1}{2}$ grain à $\frac{1}{4}$ de grain.

Table IX.

173. On propose de convertir une somme de 2354^{lt} 17^{s} 8^{d} en une autre de même valeur, composée de livres, décimes & centimes.

La valeur de la livre étant la même de part & d'autre, il ne s'agit que d'avoir le nombre de décimes & de centimes qui est égal à 17^{s} 8^{d}. Pour y parvenir, cherchez le nombre 8 des deniers, dans la partie supérieure de la table, & descendez le long de la bande verticale qui commence par ce nombre, jusqu'à ce que vous soyez arrivé vis-à-vis du nombre 17 placé dans la colonne des sous. Le nombre sur lequel vous serez tombé, & qui est $\overset{lv.}{0},8833$, donnera la valeur des 17^{s} 8^{d} en parties décimales de la livre. Ainsi le résultat total de la réduction est $\overset{lv.}{2354},8833$.

Table X.

174. Un marchand qui fait le commerce des étoffes, vendoit jusqu'ici une certaine espèce de

de drap à raiſon de 36ᵗᵗ 10ſ 6ᵈ l'aune. Il veut ſavoir combien il doit vendre, à proportion, le mètre du même drap.

Le prix de 30ᵗᵗ pour l'aune,

	lv.
donne pour le mètre	25,2514 *
6ᵗᵗ	5,0503
10ſ	0,4209
6ᵈ	0,0210
Réſultat de la reduction	lv. 30,7436.

Table XI.

175. La livre poids de marc d'une certaine marchandiſe valoit précédemment 3ᵗᵗ 12ſ 9ᵈ. On demande combien vaut à proportion le grave de la même marchandiſe.

Le prix de 3ᵗᵗ pour la livre poids de marc,

	lv.
donne pour le grave	6,1331
12ſ	1,2266
9ᵈ	0,0767
Réſultat de la réduction	lv. 7,4364.

Table XII.

176. Cette table donne immédiatement les valeurs de toutes les fractions dont le numérateur ne surpasse pas 19, ou qui ne sont pas des multiples de quelqu'autre fraction plus simple.

Ainsi, l'on trouvera

qu'à $\frac{5}{11}$ répond.......... 0,454545
à.. $\frac{9}{14}$.................. 0,642857.

Les exemples suivans indiqueront la manière dont on doit se conduire dans l'autre cas.

177. On demande la fraction décimale qui répond à $\frac{15}{27}$.

Si l'on divise par 3 le numérateur & le dénominateur de la fraction $\frac{15}{27}$, on aura pour sa plus simple expression $\frac{5}{9}$, qui se trouve dans la table, & à laquelle répond la fraction décimale 0,555555.

Quelle est la fraction décimale qui équivaut à $\frac{12}{44}$?

Cette fraction étant divisée haut & bas par 4 devient $\frac{3}{11}$, dont la valeur en fraction décimale, indiquée par la table, est 0,272727.

Remarque.

178. Dans les nombres qui expriment des unités ſimples relatives aux nouvelles meſures, on s'eſt borné ordinairement à quatre décimales ; au lieu que dans l'expreſſion des fractions de l'unité, on a pris juſqu'à 7 décimales pour certaines tables, afin d'avoir toujours deux ou trois chiffres ſignificatifs à la ſuite des zéros donnés par les premières décimales. D'après cela, ſi l'on vouloit réduire, par exemple, au grave & à ſes ſousdiviſions, une ſomme de livres poids de marc, avec de très-petites fractions de la livre, il faudroit avoir recours à des tables plus étendues. Mais ces ſortes de cas ſont rares, parce que communément on ne tient compte des fractions dont il s'agit, que dans les réſultats des petites peſées, où l'unité du plus haut degré eſt l'once, & alors tous les nombres fournis par la table relative au grave ayant 7 décimales, on peut, au moyen de cette table, obtenir une préciſion ſuffiſante.

FAUTE À CORRIGER.

Page 15, ligne 20, au lieu de *trouver*, lisez *retrouver.*

TABLE.

TABLES

Pour réduire les anciennes Meſures de longueur, de ſuperficie & de capacité, les anciens Poids & les anciennes Monnoies en Meſures, Poids & Monnoies du nouveau ſyſtème décrété par la Convention nationale.

TABLE. Iere		MESURES	
Lignes.	MÈTRES.	*Toises.*	MÈTRES.
1	0,0023	1	1,9484
2	0,0045	2	3,8968
3	0,0068	3	5,8452
4	0,0090	4	7,7936
5	0,0113	5	9,7420
6	0,0135	6	11,6904
7	0,0158	7	13,6388
8	0,0180	8	15,5872
9	0,0203	9	17,5356
10	0,0226	10	19,4839
11	0,0248	20	38,9679
Pouces.		30	58,4518
1	0,0271	40	77,9358
2	0,0541	50	97,4197
3	0,0812	60	116,9037
4	0,1082	70	136,3876
5	0,1353	80	155,8716
6	0,1624	90	175,3555
7	0,1894	100	194,8395
8	0,2165	200	389,6790
9	0,2435	300	584,5184
10	0,2706	400	779,3579
11	0,2977	500	974,1974
Pieds.		600	1169,0369
1	0,3247	700	1363,8764
2	0,6495	800	1558,7159
3	0,9742	900	1753,5553
4	1,2989		
5	1,6237		
6	1,9484		

LINÉAIRES.

Toises.	MÈTRES.	*Aunes de Paris.*	MÈTRES.
1000	1948,3948	$\frac{1}{32}$	0,037127
2000	3896,7896	$\frac{1}{16}$	0,074253
3000	5845,1844	$\frac{1}{8}$	0,148507
4000	7793,5793	$\frac{1}{4}$	6,297014
5000	9741,9741	$\frac{1}{2}$	0,594027
6000	11690,3689	$\frac{1}{24}$	0,049502
7000	13638,7637	$\frac{1}{12}$	0,099005
8000	15587,1585	1/[illegible]	0,198009
9000	17535,5533	$\frac{1}{3}$	0,396018
10000	19483,9481	1	1,1881
20000	38967,8963	2	2,3761
30000	58451,8444	3	3,5642
40000	77935,7926	4	4,7522
50000	97419,7407	5	5,9403
60000	116903,6889	6	7,1283
70000	136387,6370	7	8,3164
80000	155871,5852	8	9,5044
90000	175355,5333	9	10,6925
100000	194839,4815	10	11,8805
200000	389678,9630	20	23,7611
300000	584518,4445	30	35,6416
400000	779357,9260	40	47,5222
500000	974197,4075	50	59,4027
600000	1169036,8890	60	71,2833
700000	1363876,3705	70	83,1638
800000	1558715,8519	80	95,0444
900000	1753555,3334	90	106,9249
1000000	1948394,8149	100	118,8055
		1000	1188,0548
		10000	11880,5479

Table II, Pour convertir les degrés, minutes, &
décimaux & parties

Secondes anciennes.	DEGRÉS décimaux.	*Secondes anciennes.*	DEGRÉS décimaux.
1	0,000309	31	0,009568
2	0,000617	32	0,009876
3	0,000926	33	0,010185
4	0,001235	34	0,010494
5	0,001543	35	0,010802
6	0,001852	36	0,011111
7	0,002160	37	0,011420
8	0,002470	38	0,011728
9	0,002778	39	0,012037
10	0,003086	40	0,012346
11	0,003395	41	0,012654
12	0,003704	42	0,012963
13	0,004012	43	0,013272
14	0,004321	44	0,013580
15	0,004630	45	0,013889
16	0,004938	46	0,014197
17	0,005247	47	0,014506
18	0,005556	48	0,014815
19	0,005864	49	0,015123
20	0,006173	50	0,015432
21	0,006481	51	0,015741
22	0,006790	52	0,016049
23	0,007099	53	0,016358
24	0,007407	54	0,016667
25	0,007716	55	0,016975
26	0,008025	56	0,017284
27	0,008333	57	0,017593
28	0,008642	58	0,017901
29	0,008951	59	0,018210
30	0,009259	60	0,018519

secondes de l'ancienne division du cercle en degrés décimales de ces degrés.

Minutes anciennes.	DEGRÉS décimaux.	*Minutes anciennes.*	DEGRÉS décimaux.
1	0,018519	31	0,574074
2	0,037037	32	0,592592
3	0,055556	33	0,611111
4	0,074074	34	0,629629
5	0,092593	35	0,648148
6	0,111111	36	0,666666
7	0,129630	37	0,685185
8	0,148148	38	0,703703
9	0,166667	39	0,722222
10	0,185185	40	0,740740
11	0,203704	41	0,759259
12	0,222222	42	0,777777
13	0,240741	43	0,796296
14	0,259259	44	0,814814
15	0,277778	45	0,833333
16	0,296296	46	0,851851
17	0,314815	47	0,870370
18	0,333333	48	0,888888
19	0,351852	49	0,907407
20	0,370370	50	0,925926
21	0,388889	51	0,944444
22	0,407407	52	0,962963
23	0,425926	53	0,981481
24	0,444444	54	1,000000
25	0,462963	55	1,018519
26	0,481481	56	1,037037
27	0,500000	57	1,055556
28	0,518518	58	1,074074
29	0,537037	59	1,092592
30	0,555555	60	1,111111

Suite de la Table II, Pour convertir les degrés, minutes
décimaux, & parties

Degrés anciens.	DEGRÉS décimaux.	*Degrés anciens.*	DEGRÉS décimaux.
1	1,111111	31	34,444444
2	2,222222	32	35,555556
3	3,333333	33	36,666667
4	4,444444	34	37,777778
5	5,555556	35	38,888889
6	6,666667	36	40,000000
7	7,777778	37	41,111111
8	8,888889	38	42,222222
9	10,000000	39	43,333333
10	11,111111	40	44,444444
11	12,222222	41	45,555556
12	13,333333	42	46,666667
13	14,444444	43	47,777778
14	15,555556	44	48,888889
15	16,666667	45	50,000000
16	17,777778	46	51,111111
17	18,888889	47	52,222222
18	20,000000	48	53,333333
19	21,111111	49	54,444444
20	22,222222	50	55,555556
21	23,333333	51	56,666667
22	24,444444	52	57,777778
23	25,555556	53	58,888889
24	26,666667	54	60,000000
25	27,777778	55	61,111111
26	28,888889	56	62,222222
27	30,000000	57	63,333333
28	31,111111	58	64,444444
29	32,222222	59	65,555556
30	33,333333	60	66,666667

& secondes de l'ancienne division du cercle en degrés décimales de ces degrés.

Degrés anciens.	DEGRÉS décimaux.	*Degrés anciens.*	DEGRÉS décimaux.
61	67,777778	100	111,111111
62	68,888889	110	122,222222
63	70,000000	120	133,333333
64	71,111111	130	144,444444
65	72,222222	140	155,555556
66	73,333333	150	166,666667
67	74,444444	160	177,777778
68	75,555556	170	188,888889
69	76,666667	180	200,000000
70	77,777778	190	211,111111
71	78,888889	200	222,222222
72	80,000000	210	233,333333
73	81,111111	220	244,444444
74	82,222222	230	255,555556
75	83,333333	240	266,666667
76	84,444444	250	277,777778
77	85,555556	260	288,888889
78	86,666667	270	300,000000
79	87,777778	280	311,111111
80	88,888889	290	322,222222
81	90,000000	300	333,333333
82	91,111111	310	344,444444
83	92,222222	320	355,555556
84	93,333333	330	366,666667
85	94,444444	340	377,777778
86	95,555556	350	388,888889
87	96,666667	360	400,000000
88	97,777778		
89	98,888889		
90	100,000000		

Table III, Pour convertir l'ancienne

Secondes anciennes.	HEURES décimales.	*Secondes anciennes*	HEURES décimales.	*Minutes anciennes*
1	0,000116	31	0,003588	1
2	0,000231	32	0,003704	2
3	0,000347	33	0,003819	3
4	0,000463	34	0,003935	4
5	0,000579	35	0,004051	5
6	0,000694	36	0,004167	6
7	0,000810	37	0,004282	7
8	0,000926	38	0,004398	8
9	0,001042	39	0,004514	9
10	0,001157	40	0,004630	10
11	0,001273	41	0,004745	11
12	0,001389	42	0,004861	12
13	0,001505	43	0,004977	13
14	0,001620	44	0,005093	14
15	0,001736	45	0,005208	15
16	0,001852	46	0,005324	16
17	0,001968	47	0,005440	17
18	0,002083	48	0,005556	18
19	0,002199	49	0,005671	19
20	0,002315	50	0,005787	20
21	0,002431	51	0,005903	21
22	0,002546	52	0,006018	22
23	0,002662	53	0,006134	23
24	0,002778	54	0,006250	24
25	0,002893	55	0,006366	25
26	0,003009	56	0,006481	26
27	0,003125	57	0,006597	27
28	0,003241	58	0,006713	28
29	0,003356	59	0,006829	29
30	0,003472	60	0,006944	30

division du jour en division décimale.

HEURES décimales.	*Minutes ancienn.*	HEURES décimales.	*Heures ancienn.*	HEURES décimales.
0,006944	31	0,215278	1	0,416667
0,013889	32	0,222222	2	0,833333
0,020833	33	0,229167	3	1,250000
0,027778	34	0,236111	4	1,666667
0,034722	35	0,243056	5	2,083333
0,041667	36	0,250000	6	2,500000
0,048611	37	0,256944	7	2,916667
0,055556	38	0,263889	8	3,333333
0,062500	39	0,270833	9	3,750000
0,069444	40	0,277778	10	4,166667
0,076389	41	0,284722	11	4,583333
0,083333	42	0,291667	12	5,000000
0,090278	43	0,298611	13	5,416667
0,097222	44	0,305556	14	5,833333
0,104167	45	0,312500	15	6,250000
0,111111	46	0,319444	16	6,666667
0,118056	47	0,326389	17	7,083333
0,125000	48	0,333333	18	7,500000
0,131944	49	0,340278	19	7,916667
0,138889	50	0,347222	20	8,333333
0,145833	51	0,354167	21	8,750000
0,152778	52	0,361111	22	9,166666
0,159722	53	0,368056	23	9,583333
0,166667	54	0,375000	24	10,000000
0,173611	55	0,381944		
0,180556	56	0,388889		
0,187500	57	0,395833		
0,194444	58	0,402778		
0,201389	59	0,409722		
0,208333	60	0,416667		

Table IV.		MESURES	
Toises-points	MÈTRES CARRÉS.	*Toises-pouces*	MÈTRES CARRÉS.
1	0,000366	7	0,369079
2	0,000732	8	0,421805
3	0,001098	9	0,474530
4	0,001465	10	0,527256
5	0,001831	11	0,579981
6	0,002197	*Toises-pieds.*	
7	0,002563	1	0,632707
8	0,002929	2	1,265414
9	0,003295	3	1,898121
10	0,003661	4	2,530828
11	0,004028	5	3,163535
Toises-lignes		*Toises carrées*	
1	0,004394	1	3,796242
2	0,008788	2	7,592485
3	0,013181	3	11,388727
4	0,017575	4	15,184969
5	0,021969	5	18,981212
6	0,026363	6	22,777454
7	0,030757	7	26,573696
8	0,035150	8	30,369939
9	0,039544	9	34,166181
10	0,043938	10	37,962424
11	0,048332	20	75,924847
Toises-pouces		30	113,887271
1	0,052726	40	151,849694
2	0,105451	50	189,812118
3	0,158177	60	227,774541
4	0,210902	70	265,736965
5	0,263628	80	303,699388
6	0,316354	90	341,661812

DES SURFACES.

Toises carrées.	MÈTRES CARRÉS.	*Pieds carrés.*	MÈTRES CARRÉS.
100	379,6242	1	0,105451
200	759,2485	2	0,210902
300	1138,8727	3	0,316354
400	1518,4969	6	0,632707
500	1898,1212	12	1,265414
600	2277,7454	18	1,898121
700	2657,3696	24	2,530828
800	3036,9939	30	3,163535
900	3416,6181	36	3,796242
1000	3796,2424	*Pouces carrés.*	
2000	7592,4847	1	0,000732
3000	11388,7271	2	0,001465
4000	15184,9694	3	0,002197
5000	18981,2118	6	0,004394
6000	22777,4541	12	0,008788
7000	26573,6965	18	0,013181
8000	30369,9388	36	0,026363
9000	34166,1812	72	0,052726
10000	37962,4235	144	0,105451
20000	75924,8471	*Lignes carrées.*	
30000	113887,2706	1	0,000005
40000	151849,6942	2	0,000010
50000	189812,1177	3	0,000015
60000	227774,5413	6	0,000031
70000	265736,9648	12	0,000061
80000	303699,3884	18	0,000092
90000	341661,8119	36	0,000183
100000	379624,2355	72	0,000366
000000	3796242,3549	144	0,000732

TABLE V. Arpent de Paris de 100 perches carrées, la perche linéaire de 18 pieds.

Perches carrées.	MÈTRES CARRÉS.	*Arpens.*	MÈTRES CARRÉS.
1	34,1662	10	34166,1812
2	68,3324	20	68332,3624
3	102,4985	30	102498,5436
4	136,6647	40	136664,7248
5	170,8309	50	170830,9060
6	204,9971	60	204997,0871
7	239,1633	70	239163,2683
8	273,3294	80	273329,4495
9	307,4956	90	307495,6307
10	341,6618	100	341661,8119
20	683,3236	200	683323,6239
30	1024,9854	300	1024985,4358
40	1366,6472	400	1366647,2477
50	1708,3091	500	1708309,0597
60	2049,9709	600	2049970,8716
70	2391,6327	700	2391632,6836
80	2733,2945	800	2733294,4955
90	3074,9563	900	3074956,3074
Arpens.		1000	3416618,1194
1	3416,6181	2000	6833236,2387
2	6833,2362	3000	10249854,3581
3	10249,8544	4000	13666472,4775
4	13666,4725	5000	17083090,5968
5	17083,0906	6000	20499708,7162
6	20499,7087	7000	23916326,8356
7	23916,3268	8000	27332944,9549
8	27332,9450	9000	30749563,0743
9	30749,5631	10000	34166181,1937
		100000	341661811,937
		1000000	3416618119,37

Arpen

Arpent de France de 100 perches carrées, la perche linéaire de 22 pieds.			
Perches carrées.	MÈTRES CARRÉS.	*Arpens.*	MÈTRES CARRÉS.
1	51,0384	10	51038,3694
2	102,0767	20	102076,7389
3	153,1151	30	153115,1083
4	204,1535	40	204153,4777
5	255,1918	50	255191,8472
6	306,2302	60	306230,2166
7	357,2686	70	357268,5861
8	408,3070	80	408306,9555
9	459,3453	90	459345,3249
10	510,3837	100	510383,6944
20	1020,7674	200	1020767,3887
30	1531,1511	300	1531151,0831
40	2041,5348	400	2041534,7775
50	2551,9185	500	2551918,4719
60	3062,3022	600	3062302,1662
70	3572,6859	700	3572685,8606
80	4083,0696	800	4083069,5550
90	4593,4532	900	4593453,2494
Arpens.		1000	5103836,9437
1	5103,8369	2000	10207673,8875
2	10207,6739	3000	15311510,8312
3	15311,5108	4000	20415347,7750
4	20415,3478	5000	25519184,7187
5	25519,1847	6000	30623021,6625
6	30623,0217	7000	35726858,6062
7	35726,8586	8000	40830695,5500
8	40830,6955	9000	45934532,4937
9	45934,5325	10000	51038369,4375
10	51038,3694	100000	510383694,375
		1000000	5103836943,75

TABLE VI. MESURE

T - T points.	MÈTRES CUBES.	*T - T pouces.*	MÈTRES CUBES.
1	0,000713	7	0,719112
2	0,001427	8	0,821842
3	0,002140	9	0,924572
4	0,002854	10	1,027303
5	0,003567	11	1,130033
6	0,004280	*T - T Pieds.*	
7	0,004994	1	1,232763
8	0,005707	2	2,465526
9	0,006421	3	3,698289
10	0,007134	4	4,931053
11	0,007847	5	6,163816
T-T Lignes.		*Toises cubes.*	
1	0,008561	1	7,3966
2	0,017122	2	14,7932
3	0,025683	3	22,1897
4	0,034243	4	29,5863
5	0,042804	5	36,9829
6	0,051365	6	44,3795
7	0,059926	7	51,7761
8	0,068487	8	59,1726
9	0,077048	9	66,5692
10	0,085609	10	73,9658
11	0,094169	20	147,9316
T-T Pouces.		30	221,8974
1	0,102730	40	295,8632
2	0,205461	50	369,8289
3	0,308191	60	443,7947
4	0,410921	70	517,7605
5	0,513652	80	591,7263
6	0,616382	90	665,6921

DES SOLIDES.

Toises cubes	MÈTRES CUBES.	*Pieds cubes.*	MÈTRES CUBES.
100	739,6579	1	0,034243
200	1479,3158	2	0,068487
300	2218,9737	3	0,102730
400	2958,6316	4	0,136974
500	3698,2895	5	0,171217
600	4437,9474	10	0,342434
700	5177,6052	100	3,424342
800	5917,2631	200	6,848684
900	6656,9210	216	7,396579
1000	7396,5789	*Pouces cubes.*	
2000	14793,1578	1	0,000020
3000	22189,7368	2	0,000040
4000	29586,3157	3	0,000059
5000	36982,8946	4	0,000079
6000	44379,4735	5	0,000099
7000	51776,0524	10	0,000198
8000	59172,6314	100	0,001982
9000	66569,2103	1000	0,019817
10000	73965,7892	1728	0,034243
20000	147931,5784	*Lignes cubes.*	
30000	221897,3676	1	0,000000
40000	295863,1568	2	0,000000
50000	369828,9460	3	0,000000
60000	443794,7352	4	0,000000
70000	517760,5244	5	0,000000
80000	591726,3136	10	0,000000
90000	665692,1028	100	0,000001
100000	739657,8920	1000	0,000011
000000	7396578,9204	1728	0,000020

TABLE VII. MESURE

La pinte de Paris de 48 pouces cubes, réduite en cadil,

Pintes.	CADILS.	*Pintes.*	CADILS.
1	0,9512	1000	951,2061
2	1,9024	2000	1902,412
3	2,8536	3000	2853,6184
4	3,8048	4000	3804,8245
5	4,7560	5000	4756,0307
6	5,7072	6000	5707,2368
7	6,6584	7000	6658,443
8	7,6096	8000	7609,649
9	8,5609	9000	8560,855
10	9,5121	10000	9512,0614
20	19,0241	20000	19024,1227
30	28,5362	30000	28536,184
40	38,0482	40000	38048,245
50	47,5603	50000	47560,306
60	57,0724	60000	57072,368
70	66,5844	70000	66584,429
80	76,0965	80000	76096,491
90	85,6086	90000	85608,552
100	95,1206	100000	95120,613
200	190,2412	200000	190241,227
300	285,3618	300000	285361,841
400	380,4825	400000	380482,454
500	475,6031	500000	475603,068
600	570,7237	600000	570723,682
700	665,8443	700000	665844,295
800	760,9649	800000	760964,909
900	856,0855	900000	856085,523
		1000000	951206,136

DE CAPACITÉ.

Le boisseau de Paris de 640 pouces cubes réd. en centicade.

Boisseaux.	CENTICADES.	*Boisseaux.*	CENTICADES.
1	1,2683	1000	1268,2749
2	2,5365	2000	2536,5497
3	3,8048	3000	3804,8245
4	5,0731	4000	5073,0994
5	6,3414	5000	6341,3742
6	7,6096	6000	7609,6491
7	8,8779	7000	8877,9239
8	10,1462	8000	10146,1988
9	11,4145	9000	11414,4736
10	12,6827	10000	12682,7485
20	25,3655	20000	25365,4970
30	38,0482	30000	38048,2455
40	50,7310	40000	50730,9940
50	63,4137	50000	63413,7425
60	76,0965	60000	76096,4910
70	88,7792	70000	88779,2394
80	101,4620	80000	101461,9879
90	114,1447	90000	114144,7364
100	126,8275	100000	126827,4849
200	253,6550	200000	253654,9698
300	380,4825	300000	380482,4548
400	507,3099	400000	507309,9397
500	634,1374	500000	634137,4246
600	760,9649	600000	760964,9095
700	887,7924	700000	887792,3944
800	1014,6199	800000	1014619,8793
900	1141,4474	900000	1141447,3643
		1000000	1268274 8492

TABLE VIII, Pour réduire les livres, onces, [illegible]
décimales [illegible]

Grains.	FRACTIONS décimales DU GRAVE.	*Gros.*	FRACTIONS décimales DU GRAVE.
$\frac{1}{128}$	0,0000004	1	0,0038215
$\frac{1}{64}$	0,0000008	2	0,0076429
$\frac{1}{32}$	0,0000017	3	0,0114644
$\frac{1}{16}$	0,0000033	4	0,0152858
$\frac{1}{8}$	0,0000066	5	0,0191073
$\frac{1}{4}$	0,0000133	6	0,0229287
$\frac{1}{2}$	0,0000265	7	0,0267502
1	0,0000531	*Onces.*	
2	0,0001062	1	0,0305716
3	0,0001592	2	0,0611433
4	0,0002123	3	0,0917149
5	0,0002654	4	0,1222865
6	0,0003185	5	0,1528581
7	0,0003715	6	0,1834298
8	0,0004246	7	0,2140014
9	0,0004777	8	0,2445730
10	0,0005308	9	0,2751446
20	0,0010615	10	0,3057163
30	0,0015923	11	0,3362879
40	0,0021230	12	0,3668595
50	0,0026538	13	0,3974311
60	0,0031845	14	0,4280028
70	0,0037153	15	0,4585744
72	0,0038215	16	0,4891460

gros & grains des anciens poids, en graves & fractions du grave.

Livres.	GRAVES.	
1	0,4891	
2	0,9783	
3	1,4674	
4	1,9566	
5	2,4457	
6	2,9349	
7	3,4240	
8	3,9132	
9	4,4023	
10	4,8915	
20	9,7829	
30	14,6744	
40	19,5658	
50	24,4573	
60	29,3488	
70	34,2402	
80	39,1317	
90	44,0231	
100	48,9146	
200	97,8292	
300	146,7438	
400	195,6584	
500	244,5730	
600	293,4876	
700	342,4022	
800	391,3168	
900	440,2314	
1000	489,1460	
10000	4891,4601	
100000	48914,6011	
1000000	489146,0114	

TABLE IX. Pour convertir les sous & deniers de la livre numéraire en décimes & centimes de la même livre.

SOUS.	DENIERS.					
	0	1	2	3	4	5
0	0,0000	0,0042	0,0083	0,0125	0,0167	0,0208
1	0,0500	0,0542	0,0583	0,0625	0,0667	0,0708
2	0,1000	0,1042	0,1083	0,1125	0,1167	0,1208
3	0,1500	0,1542	0,1583	0,1625	0,1667	0,1708
4	0,2000	0,2042	0,2083	0,2125	0,2167	0,2208
5	0,2500	0,2542	0,2583	0,2625	0,2667	0,2708
6	0,3000	0,3042	0,3083	0,3125	0,3167	0,3208
7	0,3500	0,3542	0,3583	0,3625	0,3667	0,3708
8	0,4000	0,4042	0,4083	0,4125	0,4167	0,4208
9	0,4500	0,4542	0,4583	0,4625	0,4667	0,4708
10	0,5000	0,5042	0,5083	0,5125	0,5167	0,5208
11	0,5500	0,5542	0,5583	0,5625	0,5667	0,5708
12	0,6000	0,6042	0,6083	0,6125	0,6167	0,6208
13	0,6500	0,6542	0,6583	0,6625	0,6667	0,6708
14	0,7000	0,7042	0,7083	0,7125	0,7167	0,7208
15	0,7500	0,7542	0,7583	0,7625	0,7667	0,7708
16	0,8000	0,8042	0,8083	0,8125	0,8167	0,8208
17	0,8500	0,8542	0,8583	0,8625	0,8667	0,8708
18	0,9000	0,9042	0,9083	0,9125	0,9167	0,9208
19	0,9500	0,9542	0,9583	0,9625	0,9667	0,9708

Suite de la Table IX. Pour convertir les sous & deniers de la livre numéraire en décimes & centimes de la même livre.

SOUS	DENIERS					
	6	7	8	9	10	11
0	0,0250	0,0292	0,0333	0,0375	0,0417	0,0458
1	0,0750	0,0792	0,0833	0,0875	0,0917	0,0958
2	0,1250	0,1292	0,1333	0,1375	0,1417	0,1458
3	0,1750	0,1792	0,1833	0,1875	0,1917	0,1958
4	0,2250	0,2292	0,2333	0,2375	0,2417	0,2458
5	0,2750	0,2792	0,2833	0,2875	0,2917	0,2958
6	0,3250	0,3292	0,3333	0,3375	0,3417	0,3458
7	0,3750	0,3792	0,3833	0,3875	0,3917	0,3958
8	0,4250	0,4292	0,4333	0,4375	0,4417	0,4458
9	0,4750	0,4792	0,4833	0,4875	0,4917	0,4958
10	0,5250	0,5292	0,5333	0,5375	0,5417	0,5458
11	0,5750	0,5792	0,5833	0,5875	0,5917	0,5958
12	0,6250	0,6292	0,6333	0,6375	0,6417	0,6458
13	0,6750	0,6792	0,6833	0,6875	0,6917	0,6958
14	0,7250	0,7292	0,7333	0,7375	0,7417	0,7458
15	0,7750	0,7792	0,7833	0,7875	0,7917	0,7958
16	0,8250	0,8292	0,8333	0,8375	0,8417	0,8458
17	0,8750	0,8792	0,8833	0,8875	0,8917	0,8958
18	0,9250	0,9292	0,9333	0,9375	0,9417	0,9458
19	0,9750	0,9792	0,9833	0,9875	0,9917	0,9958

TABLE X. Prix du mètre d'une étoffe quelconque d'après le prix de l'aune.

Prix de l'aune.	PRIX DU MÈTRE.	*Prix de l'aune.*	PRIX DU MÈTRE.
Deniers.	Livres.	*Livres.*	Livres.
1	0,0035	1	0,8417
2	0,0070	2	1,6834
3	0,0105	3	2,5251
4	0,0140	4	3,3668
5	0,0175	5	4,2086
6	0,0210	6	5,0503
7	0,0245	7	5,8920
8	0,0281	8	6,7337
9	0,0316	9	7,5754
10	0,0351	10	8,4171
11	0,0386	20	16,8342
Sous.		30	25,2514
1	0,0421	40	33,6685
2	0,0842	50	42,0856
3	0,1263	60	50,5027
4	0,1683	70	58,9198
5	0,2104	80	67,3370
6	0,2525	90	75,7541
7	0,2946	100	84,1712
8	0,3367	200	168,3424
9	0,3788	300	252,5136
10	0,4209	400	336,6848
11	0,4629	500	420,8560
12	0,5050	600	505,0272
13	0,5471	700	589,1984
14	0,5892	800	673,3696
15	0,6313	900	757,5408
16	0,6734	1000	841,7120
17	0,7155	2000	1683,4240
18	0,7575	3000	2525,1361
19	0,7996	4000	3366,8481

TABLE, XI. Prix du grave d'après le prix de la livre poids de marc.

Prix de la liv. P.ds de marc.	PRIX DU GRAVE.	Prix de la liv. P.ds de marc.	PRIX DU GRAVE.
Deniers.	Liv. de compte.	*Liv. de compte*	Livres de compte.
1	0,0085	1	2,0444
2	0,0170	2	4,0888
3	0,0256	3	6,1331
4	0,0341	4	8,1775
5	0,0426	5	10,2219
6	0,0511	6	12,2663
7	0,0596	7	14,3107
8	0,0681	8	16,3550
9	0,0767	9	18,3994
10	0,0852	10	20,4438
11	0,0937	20	40,8876
Sous.		30	61,3314
1	0,1022	40	81,7752
2	0,2044	50	102,2190
3	0,3067	60	122,6628
4	0,4089	70	143,1066
5	0,5111	80	163,5503
6	0,6133	90	183,9941
7	0,7155	100	204,4379
8	0,8178	200	408,8759
9	0,9200	300	613,3138
10	1,0222	400	817,7517
11	1,1244	500	1022,1897
12	1,2266	600	1226,6276
13	1,3288	700	1431,0655
14	1,4311	800	1635,5035
15	1,5333	900	1839,9414
16	1,6355	1000	2044,3793
17	1,7377	2000	4088,7587
18	1,8399	3000	6133,1380
19	1,9422	4000	8177,5174

TABLE XII. Réduction des fractions

Fractions ordinaires.	FRACTIONS DÉCIMALES.	*Fractions ordinaires.*	FRACTIONS DÉCIMALES.
$\frac{1}{2}$	0,500000	$\frac{3}{10}$	0,300000
$\frac{1}{3}$	0,333333	$\frac{3}{11}$	0,272727
$\frac{1}{4}$	0,250000	$\frac{3}{13}$	0,230769
$\frac{1}{5}$	0,200000	$\frac{3}{14}$	0,214286
$\frac{1}{6}$	0,166666	$\frac{3}{16}$	0,187500
$\frac{1}{7}$	0,142857	$\frac{3}{17}$	0,176471
$\frac{1}{8}$	0,125000	$\frac{3}{19}$	0,157895
$\frac{1}{9}$	0,111111	$\frac{3}{20}$	0,150000
$\frac{1}{10}$	0,100000	$\frac{4}{5}$	0,800000
$\frac{1}{11}$	0,090909	$\frac{4}{7}$	0,571428
$\frac{1}{12}$	0,083333	$\frac{4}{9}$	0,444444
$\frac{1}{13}$	0,076923	$\frac{4}{11}$	0,363636
$\frac{1}{14}$	0,071429	$\frac{4}{13}$	0,307692
$\frac{1}{15}$	0,066666	$\frac{4}{15}$	0,266666
$\frac{1}{16}$	0,062500	$\frac{4}{17}$	0,235294
$\frac{1}{17}$	0,058824	$\frac{4}{19}$	0,210526
$\frac{1}{18}$	0,055555	$\frac{5}{6}$	0,833333
$\frac{1}{19}$	0,052632	$\frac{5}{7}$	0,714285
$\frac{1}{20}$	0,050000	$\frac{5}{8}$	0,625000
$\frac{2}{3}$	0,666666	$\frac{5}{9}$	0,555555
$\frac{2}{5}$	0,400000	$\frac{5}{11}$	0,454545
$\frac{2}{7}$	0,285714	$\frac{5}{12}$	0,416666
$\frac{2}{9}$	0,222222	$\frac{5}{13}$	0,384615
$\frac{2}{11}$	0,181818	$\frac{5}{14}$	0,357143
$\frac{2}{13}$	0,153846	$\frac{5}{16}$	0,312500
$\frac{2}{15}$	0,133333	$\frac{5}{17}$	0,294118
$\frac{2}{17}$	0,117647	$\frac{5}{18}$	0,277777
$\frac{2}{19}$	0,105263	$\frac{5}{19}$	0,263158
$\frac{3}{4}$	0,750000	$\frac{6}{7}$	0,857142
$\frac{3}{5}$	0,600000	$\frac{6}{11}$	0,545454
$\frac{3}{7}$	0,428571	$\frac{6}{13}$	0,461538
$\frac{3}{8}$	0,375000	$\frac{6}{17}$	0,352941

ordinaires en fractions décimales.

Fractions ordinaires.	FRACTIONS DÉCIMALES.	*Fractions ordinaires.*	FRACTIONS DÉCIMALES.
$\frac{6}{19}$	0,315789	$\frac{11}{13}$	0,846153
$\frac{7}{8}$	0,875000	$\frac{11}{14}$	0,785714
$\frac{7}{9}$	0,777777	$\frac{11}{15}$	0,733333
$\frac{7}{10}$	0,700000	$\frac{11}{16}$	0,687500
$\frac{7}{11}$	0,636363	$\frac{11}{17}$	0,647059
$\frac{7}{12}$	0,583333	$\frac{11}{18}$	0,611111
$\frac{7}{13}$	0,538461	$\frac{11}{19}$	0,578947
$\frac{7}{15}$	0,466666	$\frac{11}{20}$	0,550000
$\frac{7}{16}$	0,437500	$\frac{12}{13}$	0,923076
$\frac{7}{17}$	0,411765	$\frac{12}{17}$	0,705882
$\frac{7}{18}$	0,388888	$\frac{12}{19}$	0,631579
$\frac{7}{19}$	0,368421	$\frac{13}{14}$	0,928571
$\frac{7}{20}$	0,350000	$\frac{13}{15}$	0,866666
$\frac{8}{9}$	0,888888	$\frac{13}{16}$	0,812500
$\frac{8}{11}$	0,727272	$\frac{13}{17}$	0,764706
$\frac{8}{13}$	0,615384	$\frac{13}{18}$	0,722222
$\frac{8}{15}$	0,533333	$\frac{13}{19}$	0,684211
$\frac{8}{17}$	0,470588	$\frac{13}{20}$	0,650000
$\frac{8}{19}$	0,421053	$\frac{14}{15}$	0,933333
$\frac{9}{10}$	0,900000	$\frac{14}{17}$	0,823529
$\frac{9}{11}$	0,818181	$\frac{14}{19}$	0,736842
$\frac{9}{13}$	0,692307	$\frac{15}{16}$	0,937500
$\frac{9}{14}$	0,642857	$\frac{15}{17}$	0,882353
$\frac{9}{16}$	0,562500	$\frac{15}{19}$	0,789474
$\frac{9}{17}$	0,529412	$\frac{15}{20}$	0,750000
$\frac{9}{19}$	0,473684	$\frac{16}{17}$	0,941176
$\frac{9}{20}$	0,450000	$\frac{16}{19}$	0,842105
$\frac{10}{11}$	0,909090	$\frac{17}{18}$	0,944444
$\frac{10}{13}$	0,769230	$\frac{17}{19}$	0,894737
$\frac{10}{17}$	0,588235	$\frac{17}{20}$	0,850000
$\frac{10}{19}$	0,526316	$\frac{18}{19}$	0,947368
$\frac{11}{12}$	0,833333	$\frac{19}{20}$	0,950000

REMARQUE.

Les résultats contenus dans les tables précédentes sont partie d'autres résultats plus étendus, dont on a supprimé ensuite un certain nombre de décimales, en ajoutant une unité à la dernière des décimales conservées, dans les cas indiqués ci-dessus (120). Il s'en suit que tel nombre qui répond au double, au triple, au quadruple, &c. d'un autre nombre compris dans la même table, est souvent plus fort d'une unité qu'il ne le seroit, si on l'eût cherché en multipliant immédiatement le premier par 2, 3, 4, &c. Mais d'après ce qui vient d'être dit, on voit que cette différence ne fait qu'ajouter à l'exactitude du nombre qu'elle affecte.

Nous joignons ici les valeurs de la plupart des bases qui ont servi à calculer les tables, ou les rapports entre les principales unités de l'ancien système & celles du nouveau, & réciproquement, avec dix décimales ou davantage. Ces valeurs qui dérivent toutes de celle du quart du méridien, en supposant cette dernière rigoureuse, pourront être utiles à ceux qui voudroient avoir certains multiples ou certaines sousdivisions d'une espèce particulière d'unité, ou entreprendre en général des calculs avec une précision plus grande que celle qui est donnée, par les tables.

LE QUART DU MÉRIDIEN TERRESTRE étant de.	5132430 toises,
ou.	30794580 pieds.

Le MÈTRE vaut en pieds.	p. 3,079458. exactement.
Le pied vaut en mètres.	mt. 0,3247324691552864.
Le MÈTRE CARRÉ vaut en pieds carrés.	p. q. 9,483061573764. exactement.
Le pied carré vaut en mètres carrés. . . .	mt.q. 0,105451176523689.
Le MÈTRE CUBE vaut en pieds cubes. . .	p.c. 29,20268982782013991 2. exactem.
Le pied cube vaut en mètres cubes. . . .	mt.c. 0,0342434209278617 5.
Le CADIL vaut en pintes de Paris. . .	pte. 1,05129683380152 5.
La pinte de Paris vaut en cadils.	cd. 0,951206136885 2.
Le GRAVE vaut en livres poids de marc.	liv. 2,0443793402777, &c.
La livre poids de marc vaut en graves. . .	gv. 0,48914601135820 82.
Le MÈTRE vaut en aune de Paris. . .	a. 0,8417120253.
L'aune de Paris vaut en mètres.	mt. 1,188054785879.

FIN.

www.ingramcontent.com/pod-product-compliance
Ingram Content Group UK Ltd.
Pitfield, Milton Keynes, MK11 3LW, UK
UKHW021141260726
13994UKWH00001B/238